초등 1, 2학년
공부의 힘
문해력 수업

초등 1, 2학년 공부의 힘
문해력 수업

백문식 지음

그레

머리말

생각의 힘, 그 기반은 문해력

우리 아이가 초등학생이 되었다. 학교에 입학하기 전, 가정과 유치원에서 기본 생활습관을 어느 정도 갖추었다. 자기 의사를 웬만큼 표현할 줄 안다. 한글을 떠듬떠듬 읽을 수 있다. 간단한 수 개념과 여러 가지 도형도 익힌 상태다.

학교에서는 무엇을 가르치는가. 학생의 일상생활과 학습에 필요한 기초 습관 및 기초 능력을 기르고 바른 인성을 닦는 데 중점을 둔다.

학부모들은 누구나 내 아이가 건강하고 창의적인 사람으로 자라기를 기대할 것이다. 그러려면 자신감을 갖고 새로운 환경에 적응하면서 친구들과 즐겁게 학교생활을 할 수 있도록 보살펴야 한다.

현명한 부모는 참을성 없이 아이를 다그치고 재촉하는 법이 없다. 한 발 떨어져 기다릴 줄 아는 여유가 있다. 아이가 힘들어하면 다독이고 칭찬과 격려로 학습 의욕을 불러일으킨다. 순리대로 자연스럽게 배울 수 있는 환경에서 티 없이 밝게 키운다. 그래야 고학년이 되어도 사회성이 좋을뿐더러 자존감을 갖고 슬기롭게 제 할 일을 해가며 공부를 제법 잘하는 아이로 성장하는 것이다.

바른 생활습관 형성과 교과 학습 발달은 관찰과 의사소통으로 이루어진다. 말이 통하려면 어휘가 풍부해야 한다. 어휘력의 빈곤으로 말귀를 알아듣지 못하면 큰일이다. 적어도 교과서에 나오는 낱말 정도는 알고 있어야 수업을 듣고 소화할 수 있다.

입학 초기에 스트레스 저항력이 낮은 아이는 낯선 상황을 두려워하고 긴장하여 주의가 산만해질 수 있다. 더구나 학습에 두루 영향을 미치는 문해력(文解力, 글을 읽고 이해하는 능력) 수준이 낮으면 집중력이 떨어져 공부에 흥미와 호기심을 잃은 채 학습 부진아로 남을 가능성이 높다.

교육의 성공과 실패는 문해력에 달려 있다. 그런데 요즘 상당수에 이르는 아이들이 교과 학습을 정상적으로 해내는 일이 불가능하다고 한다. 교육 현장의 안타까운 모습이다. 만일 사랑하는 내 아이가 수업을 따라가지 못하고 학교생활을 어려워한다면 어찌할 것인가. 하루빨리 문해력을 진단하고 해결하려는 노력이 절실한 시점이다.

기초 문해력은 초등 2학년 이전에 반드시 습득해야 할 과제다. 불행하게도 초기에 학습 기회를 놓친 아이는 난독 상태로 머물러 있게 될지도 모른다. 난독은 학년이 올라갈수록 학습 격차로 이어지므로 문해력 지도가 늦춰져서는 결코 안 될 이유다.

미래의 삶을 행복으로 이끌어주는 핵심 열쇠가 올바른 인성과 생각하는 힘이다. 아이의 발달 단계에 절대적으로 영향을 미치는 가정 교육은 물론 교과 내용을 미리 알고 발문을 통해 답을 찾아가도록 도와줄 필요가 있다. 그러면 자녀의 자기 주도적 학습 능력과 자아 존중감은 한층 더 높아질 것이다. 학부모는 자녀의 훌륭한 마중물 선생님이다.

2024년 1월
백문식

이 책의 벼리

아이의 성취동기를 높이는 방법

초등학교 교육은 일상생활에 필요한 우리말과 글을 정확하게 이해하며 사용할 수 있는 능력을 기르는 데 목표를 두고 있다. 이 책은 한글 깨치기와 읽고 발음하는 방법, 문장과 단락으로 생각을 나타내기, 말하기와 듣기를 포함하여 기본적인 글쓰기와 읽기로 구성하였다.

저학년 때에 한글에 대한 기초적인 이해와 읽고 쓸 줄 아는 국어 활용 능력을 다져놓아야 한다. 그래야 앞으로 배우고 익히게 될 교과 내용도 너끈히 소화할 수 있는 힘이 생긴다. 자칫하여 '결정적 시기'를 놓치면 문해력 결손이 쌓여 다음 단계의 학습 조건이 주어지지 못하기 때문에 초기의 경험이 매우 중요하다.

요즘 들어 학습 효율을 높이기 위하여 종이책 교과서와 함께 동영상과 오디오북 등 여러 매체 또한 교실 수업의 일부가 되었다. 아무리 읽기 방식이 다변화되더라도 인쇄된 종이책을 읽고 이해하는 방법을 기본적으로 익혀두어야 한다. 그러면 디지털 교재도 쉽고 깊이 있게 받아들일 수 있는 것이다. 오디오북이나 동영상에 비해 줄글을 읽을 때 수준 높은 인지 활동이 더욱 활발하게 일어난다는 연구 결과가 이를 뒷받침한다.

학습이 원활하게 이루어지기 위해서는 먼저 아이가 무엇인가를 원해야 한다. '무엇을 어떻게 얼마나 공부할 것인가'라는 목표를 구체적으로 보이고 성취동기(成就動機, 어떤 일을 이루겠다는 적극적인 마음)를 지니도록 하여 성공 경험을 심어주는 것이 중요하다. 그렇게 하려면 가정과 학교에서 아이에게 학습 의욕을 불러일으켜 자기 스스로 재미있게 공부할 수 있는 분위기 조성이 필요하다.

차례

머리말	생각의 힘, 그 기반은 문해력	005
이 책의 벼리	아이의 성취동기를 높이는 방법	008

첫째 마당 한글 깨치기

한글 공부 길라잡이	016
자음의 이름과 발음, 쓰기	020
모음의 이름과 발음, 쓰기	024
글자의 짜임	029
음절표로 글자 익히기	032
받침 있는 낱말 공부	038
받침 있는 낱말 쓰고 읽기	042
음절의 끝소리 규칙	052
음운끼리 만나 소리가 변하는 규칙	054
받아쓰기 방법과 연습	059

둘째 마당 문장 쓰기

생각을 문장으로 표현하기	070
꾸며주는 말과 꾸밈을 받는 말	078
문장 부호	081
흉내 내는 말	084

셋째 마당 글쓰기와 읽기

글쓰기와 글을 읽고 내용 파악하기	088
띄어 읽기	137
알맞은 목소리로 이야기 읽기	142
시 읽고 감상하기	148
겪은 일을 시로 표현하기	155
지난 일과 공손함 표현하기	159
어떤 일을 미루어 헤아리는 문장 쓰기	162
겪은 일 표현하기	164
편지 쓰기	169

넷째 마당 　말하기와 듣기

자신 있게 말하고 주의 깊게 듣기　174
상황에 맞는 인사말　179
바른 말과 고운 말 사용하기　183

더 읽을거리

소리가 비슷하지만 뜻이 다른 말　188
낱말의 사잇소리 현상　193
낱말의 관계 1: 반대말과 상대어　197
낱말의 관계 2: 상의어와 하의어　206
쓰임이 다른 낱말 가려 쓰기　208
거센소리로 굳어진 말　211
숫자와 차례: 그 밖의 낱말　212
셈의 단위를 나타내는 말　215
서술격 조사 '이다'　217
소리의 길이　218
문장과 문장을 이어주는 말　219
한글의 우수성과 가치　222
아름다운 순우리말　224

도움을 받은 책　227

일러두기

이 책은 초등학교 1·2학년 '국어와 국어활동' 교과서를 활용한 문해력 다지기 학습 자료다.

- 한글의 음운 체계와 소릿값을 익히고 기초 낱말과 문장을 정확하게 이해하여 받아쓰기에 자신감을 갖도록 엮었다.
- 원리 학습으로 모든 과목의 바탕인 표현(말하기/쓰기)·이해(듣기/읽기)와 어휘력, 독해 및 문해력 증진에 중점을 두었다.
- 저학년에서부터 그 이상에 이르기까지 교과 공부에 쓰이는 '학습 도구어'들을 자연스럽게 익힐 수 있도록 유기적으로 배열하였다.
- 문법 지식은 아이의 지적 수준을 고려하여 눈높이에 맞게 가르칠 수 있도록 풀이말과 더 읽을거리를 덧붙여놓았다. 다만, 전문 용어는 개념을 쉽게 풀어 이해시키되 될 수 있는 대로 직접 사용하지 말 것을 일러둔다.

부호의 쓰임

↔	반대말/상대어	[ ]	발음(소리)
/ /	음운의 표시	+	낱말과 낱말의 결합
:	긴소리	⌢	붙여 읽기
−	어간과 어미의 결합	※	덧붙임 설명
*	어법에 맞지 않는 말글이나 발음	☞	풀이말

첫째
마당

한글 깨치기

한글 공부
길라잡이

    글자는 말과 소리의 뜻을 적는 데 쓰이는 기호다. 글을 읽고 쓰는 일은 아주 귀중한 인간 생활의 기초적인 수단이다.

    우리는 글자를 왜 배우고 익혀야 하는가? 길을 가다 '멈춤' 표지판이나 '들어가지 마시오.'라는 경고 안내 문구를 보면 안전을 위해 주의를 기울여야 한다. 그리고 길거리의 간판, 광고문, 제품 사용 설명서, 문학 작품 따위를 읽을 수 있어야 편리하고 즐겁게 생활해 나갈 수 있다. 이렇듯이 날마다 글을 읽고 필요한 지식과 정보를 받아들여 언어 생활을 꾸려나가기 위해서 글을 깨치는 것이다.

    그런데 글자를 아예 모른다거나 글은 떠듬떠듬 읽을 줄 아는데 무슨 내용인지 그 뜻을 모르는 난독[1] 상태라면 책 읽기에 흥미를 잃은

---

[1] 난독증(難讀症, dyslexia)은 지능, 시·청각이 모두 정상인데도 글을 읽고 이해하는 데 어려움이 있는 증상을 말한다. 읽기 장애로 한 번에 한 글자씩 읽을 수 있지만 기초 낱말과 문장을 이해하지 못하는 것이 특징이다. 후천성 독서 장애인 난독으로 생긴 문해력 저하는 읽기의 시작인 자음과 모음의 소릿값과 음절의 짜임을 익힌 다음, 낱말과 문장을 제대로 읽을 수 있게 개별적인 도움을 주면 고칠 수 있다.

채 학습 장애로 이어질 수 있다. 초기 문해력 학습에 성공하지 못하면 초등학교에 입학하면서부터 학습 부진아로 될 위험이 있다는 뜻이다.

그러므로 저학년 때에 말소리와 기초 낱말을 익히고 문장을 빠르고 정확하게 읽도록 연습을 해야 한다. 여러 종류의 글을 구별하여 이해하는 힘을 길러야 고학년이 되어도 어려움 없이 교과 학습을 정상적으로 이어나갈 수 있다.

아이의 공부를 도울 때에는 되도록 쉬운 말을 써야 한다. 예를 들어, '협조하다, 취급하다, 헌신하다'보다 '돕다, 다루다, 이바지하다'라는 말이 의사소통을 원활하게 하여 학습 효과를 높일 수 있다. 전문 용어도 아이의 지적 수준에 맞게 풀어서 이해시키는 것이 눈높이에 맞게 가르치는 방법이다.[2]

한글 공부는 글자와 친숙해질 수 있도록 여러 방법으로 재미나게 가르치고 배워야 한다.

모든 글자에는 소리가 담겨 있다. 소리에 짝을 이루는 글자의 모양(형태)을 익히고, 여기에 뜻(의미)을 더하는 낱말 공부가 한글 깨치기의 첫걸음이다.

한글은 과학적으로 만들어진 소리글자다. 만든 원리를 이해하면

---

[2] J. S. 브루너의 "어떤 교과든지 지적으로 올바른 형식으로 표현하면 어떤 발달 단계에 있는 아동에게도 효과적으로 가르칠 수 있다."는 말은 아이들의 발달 수준에 맞도록 적절한 형태로 재구성되어야 한다는 뜻이다.

배우기 쉽고 기억하기 편한 글자다.[3] 글자를 만든 원리는 다음과 같다.

말소리를 만들어내는 발음 기관의 모양을 본떠 만든 /ㄱ, ㄴ, ㅁ, ㅅ, ㅇ/[4]과 하늘, 땅, 사람을 바탕으로 한 /·(하늘의 둥근 모양), ㅡ(땅의 평평한 모양), ㅣ(사람이 서 있는 모양)/가 기본 글자다.

여기에 소리가 더 세어질 때마다 획을 더하거나 가로로 나란히 겹쳐서 'ㅋ, ㄷ, ㅌ; ㅂ, ㅍ; ㅈ, ㅊ; ㅎ, (ㄹ); ㄲ, ㄸ, ㅃ, ㅆ, ㅉ'을 만들고, 'ㅡ, ㅣ'에 '·(아래아)'를 시계 방향, 곧 위쪽 → 오른쪽 → 아래쪽 → 왼쪽으로 돌아가며 한두 개씩 덧붙여 'ㅗ, ㅏ, ㅜ, ㅓ; ㅛ, ㅑ, ㅠ, ㅕ'를 만들었다. 글자의 받침은 따로 만들지 않고 자음을 그대로 가져다 썼다.

오늘날 한글의 음운[5]은 자음 19개, 단모음 10개(ㅏ, ㅓ, ㅗ, ㅜ, ㅡ, ㅣ, ㅐ, ㅔ, ㅚ, ㅟ)와 이중 모음[6] 11개, 이렇게 모두 40개로 이루어졌다. 문해력의 기초인 읽기와 쓰기를 잘하려면, 먼저 자음자와 모음자의 '소릿값'을 알아야 한다. 그리고 이들을 결합시키면 뭐든지 읽고 쓸 수 있는 힘이 생긴다.

---

[3] ※ 더 읽을거리 '한글의 우수성과 가치' 보기.

[4] 'ㄱ'은 혀뿌리가 목구멍을 막는 꼴, 'ㄴ'은 혀끝이 윗잇몸에 닿는 모양, 'ㅁ'은 입의 모양, 'ㅅ'은 이의 모양, 'ㅇ'은 목구멍의 모양을 본떠 만들었다.

[5] 음운(音韻)이란 말의 뜻을 구별해 주는 소리의 가장 작은 단위다. '물, 불, 풀'에서 다른 뜻의 말이 되게 하는 첫소리 /ㅁ, ㅂ, ㅍ/과 가운뎃소리 /ㅜ/를 음운이라고 한다. 음소(音素, 낱낱의 말소리)는 음운과 비슷하게 쓰이는 말이다.

[6] 2~3개의 단모음이 합쳐진 이중 모음(ㅑ, ㅒ, ㅕ, ㅖ, ㅘ, ㅙ, ㅛ, ㅝ, ㅞ, ㅠ, ㅢ)은 소리를 낼 때 입술 모양이나 혀의 위치가 일정한 자리에서 시작하여 다른 자리로 옮겨가면서 발음된다. 단모음은 소리의 위치가 바뀌지 않고 한 번에 난다.

한글의 말소리는 자음(子 아들 자, 音 소리 음)과 모음(母 어미 모, 音 소리 음)으로 나뉜다. 자음은 소리를 낼 때 입안에서 소리가 막히기도 하고 혀가 이에 부딪히기도 하며 나는 소리다. 모음은 아무런 장애를 받지 않고 나는 소리다. 홀로 소리 낼 수 있는 모음을 '홀소리'라고 하고, 모음에 닿아서(기대서) 소리 나는 자음을 '닿소리'라고도 한다.

자음의 이름과 발음, 쓰기

자음자의 이름과 소리

자음자 14개를 읽어보자. ㄱ, ㄴ, ㄷ, ㄹ, ㅁ, ㅂ, ㅅ, ㅇ, ㅈ, ㅊ, ㅋ, ㅌ, ㅍ, ㅎ.

자음자 이름은 첫 글자가 '기(역), 니(은), 디(귿), 리(을), 미(음), 비(읍), 시(옷), 이(응), 지(읒), 치(읓), 키(읔), 티(읕), 피(읖), 히(읗)'로 규칙적이다. 그런데 괄호 안의 글자를 보면 '기역, 디귿, 시옷'을 빼놓고 '니(은), 리(을), 미(음), 비(읍)……'으로 '으'에 제 받침을 하였다.

일치시킨다면 *'기윽, 디은, 시읏'[7]이어야 할 터인데 사실은 그렇지 않다. 'ㄱ(기역), ㄴ(니은), ㄷ(디귿), ㅅ(시옷)'은 예전부터 내려오던 이름이므로 잘 기억해 두어야 한다.

---

[7] 남북한이 함께 만드는 '겨레말큰사전'에 '기윽, 디은, 시읏'으로 통일해 놓았음을 참고로 밝힌다.

자음의 발음

자음자 'ㄱ, ㄴ, ㄷ, ㄹ……'을 '기역, 니은, 디귿, 리을'처럼 이름을 부르지 말고, 모음자 'ㅡ'와 함께 소리 내어 읽어봅시다.

[그, 느, 드, 르, 므, 브, 스, (으), 즈, 츠. 크, 트, 프, 흐; 끄, 뜨, 쁘, 쓰, 쯔]

자음자는 '소리의 세기'에 따라 예사소리, 된소리, 거센소리로 나뉜다.
예사소리 (편한 느낌): /ㄱ, ㄷ, ㅂ, ㅅ, ㅈ/
된소리 (강하고 단단한 느낌): /ㄲ, ㄸ, ㅃ, ㅆ, ㅉ/
거센소리 (숨이 거세게 나오는 소리로 크고 거친 느낌): /ㅊ, ㅋ, ㅌ, ㅍ/
※ 소리의 울림에 따라 울림소리(유성음) /ㄴ, ㅁ, ㅇ(콧소리, 비음), ㄹ(흐름소리, 유음)/과 안울림소리(무성음)인 예사소리, 된소리, 거센소리로 나뉜다. /ㅎ/은 목청에서 나는 소리다. /ㄱ, ㄷ, ㅂ, ㅅ/은 공기가 입안 통로를 통해 밖으로 나가면서 나는 소리인데, /ㄴ, ㅁ, ㅇ/은 공기가 코 안으로 흘러 나가면서 이곳을 울려서 나는 소리다.

낱말을 소리 내어 읽고[8] 발음을 정확하게 구별해 봅시다.

◎ 고추장 – 꼬마 – 코끼리

◎ 달 – 딸 – 탈

◎ 불 – 뿔 – 풀

◎ 살 – 쌀

◎ 잠 – 짬 – 참

자음 쓰기

자음자를 바른 순서와 바른 모양으로 써봅시다.[9]

---

[8] 글자를 배우는 유치원과 저학년 아이들은 소리 내어 읽는 것이 좋다. 왜 그런가? 말소리에 힘이 생길뿐더러 보이는 글자에다 자신의 목소리도 들리기 때문에 음운의 정확한 소릿값을 인식하면서 발음하고 글자의 뜻도 한꺼번에 떠올릴 수 있기 때문이다. 기호(문자)의 음성화 단계에 있는 아이들에게 올바른 읽기 지도 방법이다. '소리 내어 읽기'는 문해력을 높이는 지름길이다. 보통 4학년부터는 눈으로 읽는 훈련을 하는 것이 효과적인 독서법이다.

[9] '글씨 쓰기'는 모든 공부의 기초다. 내가 쓴 글씨는 다른 사람에게 보이는 것이므로 자기의 얼굴과 같으며 마음을 아름답게 다스릴 수도 있다는 점에서 그 중요성이 크다. 글씨를 쓸 때에는 연필을 바르게 쥐고 바른 자세로 글자의 모양을 생각하며 순서에 맞게 써야 한다.

기역	니은	디귿	리을	미음	비읍	시옷
ㄱ	ㄴ	ㄷ	ㄹ	ㅁ	ㅂ	ㅅ

이응	지읒	치읓	키읔	티읕	피읖	히읗
ㅇ	ㅈ	ㅊ	ㅋ	ㅌ	ㅍ	ㅎ

쌍기역	쌍디귿	쌍비읍	쌍시옷	쌍지읒
ㄲ	ㄸ	ㅃ	ㅆ	ㅉ

모음의 이름과
발음, 쓰기

모음자의 이름과 소리

　모음자는 이름과 발음이 똑같다. (　) 안은 모음자의 이름이면서 소리다.
　ㅏ(아), ㅑ(야), ㅓ(어), ㅕ(여), ㅗ (오), ㅛ (요), ㅜ (우), ㅠ (유), ㅡ (으), ㅣ(이)
　※ 모음은 혀의 높낮이와 앞뒤 위치를 조정하고 입술의 모양을 바꿔가며 발음된다.

모음의 발음

　모음(21개)은 발음 방법에 따라 단모음과 이중 모음으로 나뉜다.
　단모음(10개; ㅏ, ㅐ, ㅓ, ㅔ, ㅗ, ㅚ, ㅜ, ㅟ, ㅡ, ㅣ)은 소리를 낼 때, 혀의

위치나 입술 모양이 처음부터 끝까지 같은 자리에서 같은 소리를 유지하는 모음을 말한다. 이와 달리 이중 모음(11개; ㅑ, ㅒ, ㅕ, ㅖ, ㅘ, ㅙ, ㅛ, ㅝ, ㅞ, ㅠ, ㅢ)은 서로 다른 모음이 합친 형태로 소리를 낼 때, 혀의 위치나 입술의 모양이 시작과 끝에 변화가 일어난다.

이어서 짧게 소리 내어 이중 모음의 발음을 연습하여 보자.

이+아 → (이⌒아)**[야]**, 이+어 → (이⌒어)**[여]**, 이+오 → (이⌒오)**[요]**,
이+우 → (이⌒우)**[유]**

야+이 → (이아⌒이; 이애) **[얘]**, 여+이 → (이어⌒이; 이에) **[예]**, 오+아 → **[와]**, 오+애 → **[왜]**, 우+어 → **[워]**, 우+에 → **[웨]**, 으+이 → **[의]**

모음 쓰기

여러 가지 모음자를 바른 순서와 바른 모양으로 써봅시다.

아	야	어	여	오
ㅏ	ㅑ	ㅓ	ㅕ	ㅗ

요	우	유	으	이
ㅛ	ㅜ	ㅠ	ㅡ	ㅣ

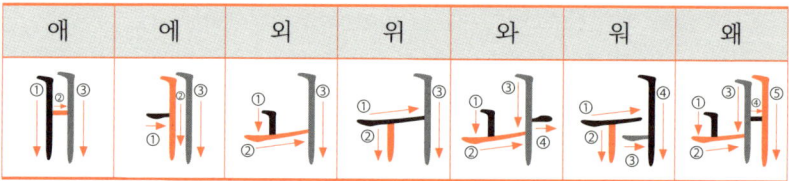

모음 소리 구별

모음 가운데 '애'와 '에'의 소리를 정확하게 구별해 봅시다.

'에'보다는 '애'가 입을 더 크게 벌려 소리를 낸다.

[이] - [에] - [애] - [아]를 차례대로 소리 낼 때 입이 점점 더 벌어진다. '이'는 입이 거의 닫힌 채로, '에'는 손가락 하나를 물 정도로, '애'는 손가락 두 개를 포개어 물 정도로, '아'는 손가락 세 개를 포개어 물고 내는 소리다.

'ㅐ'와 'ㅔ'를 발음할 때의 입 모양을 잘 살펴보고 정확하게 발음해 봅시다.

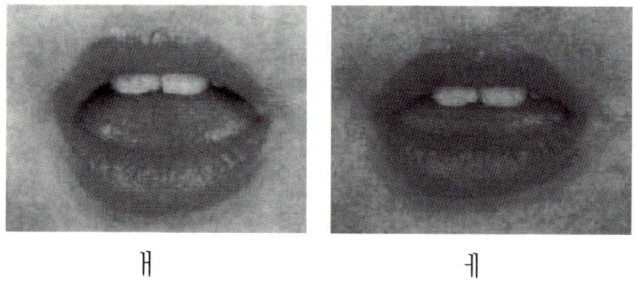

가로줄과 세로줄로 이어서 소리 내어 읽어봅시다.

[애] **[에] [에] [에] [에]**

[애] [애] **[에] [에] [에]**

[애] [애] [애] **[에] [에]**

[애] [애] [애] [애] **[에]**

[ㅐ]와 [ㅔ] 소리가 들어 있는 낱말을 구별하여 발음해 봅시다.
◎ '개'와 '게'
◎ '매미'와 '메아리'
◎ '내가'와 '네가'
◎ '애벌레'와 '에헴'
◎ '샘'과 '셈'을 바르게 읽어요.
◎ 할아버지께 세배를 드려요.

다음과 같이 'ㅘ'와 'ㅝ'를 발음할 때의 입 모양을 잘 살펴보고 정확하게 발음해 봅시다.

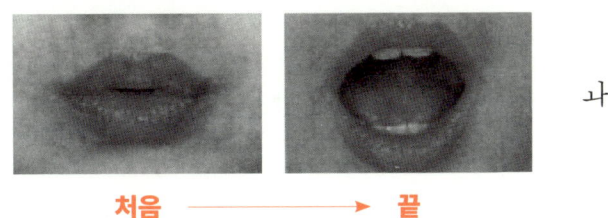

처음 ⟶ 끝

ㅘ

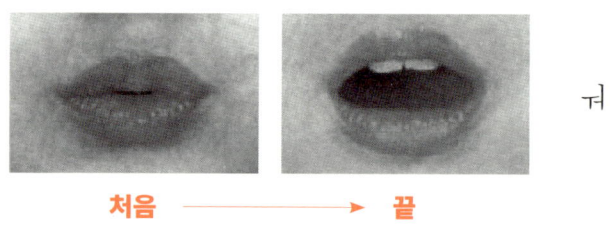

처음 ⟶ 끝

모음자의 발음에 주의하면서 소리 내어 읽어봅시다.

◎ 아빠와 얘기해요.

◎ 예뻐요. 예절을 지켜요.

◎ 왜 아프지? 왜냐 하면.

◎ 지구야, 도와줘서 고마워.

◎ 웨딩 마치. 웬일인가요?

자음과 모음의 순서

국어사전에 오르는 자음자와 모음자의 배열 순서는 다음과 같다.

자음(19개): ㄱ, ㄲ, ㄴ, ㄷ, ㄸ, ㄹ, ㅁ, ㅂ, ㅃ, ㅅ, ㅆ, ㅇ, ㅈ, ㅉ, ㅊ, ㅋ, ㅌ, ㅍ, ㅎ

모음(21개): ㅏ, ㅐ, ㅑ, ㅒ, ㅓ, ㅔ, ㅕ, ㅖ, ㅗ, ㅘ, ㅙ, ㅚ, ㅛ, ㅜ, ㅝ, ㅞ, ㅟ, ㅠ, ㅡ, ㅢ, ㅣ

글자의 짜임

글자 = 자음 + 모음 + 자음

한글은 모음과 자음을 조합하여 음절 단위로 '모아쓰기'를 한다. '가'는 'ㄱ'과 'ㅏ'가 합쳐 만든 소리마디다. 이것을 '음절(音節, 음운이 모여 한 번에 낼 수 있는 소리마디)'이라고 부른다. 음절은 모음이 반드시 있어야 한다. '자음+모음+자음'의 짜임으로 되어 있다.

'우리 마을'에서 '우', '리', '마', '을'처럼 한 뭉치로 이루어져 한 번에 소리 낼 수 있는 '소리의 덩어리' 곧 글자 하나하나를 음절이라고 한다. 예를 들면 '나'는 1음절, '어머니'는 3음절, '대한민국'은 4음절, '나는 학교에 갑니다.'는 8음절이다.

국어의 음절은 네 가지 꼴로 만들어지는데, 글자마다 왼쪽에서 오른쪽 그리고 받침은 밑으로 모아쓰기를 한다.

음절의 짜임

- ◎ 모음(가운뎃소리): 아, 이, 오, 예, 와……
- ◎ 자음(첫소리) + 모음(가운뎃소리): 가, 기, 고, 계, 과……
- ◎ 모음(가운뎃소리) + 자음(끝소리, 받침): 악, 익, 옥, 얼, 왈[10]……
- ◎ 자음(첫소리) + 모음(가운뎃소리) + 자음(끝소리, 받침): 강, 각, 글, 물, 괄……

모음(홀소리)은 '아, 어, 오, 우, 이'와 같이 홀로 하나의 음절을 이룬다. 자음(닿소리)은 모음과 어울려야 음절이 된다. 모음은 홀로 소리를 낼 수 있지만, 자음 'ㄱ, ㄴ, ㄷ, ㄹ, ㅁ……'은 모음에 닿아야 비로소 음절로서 소리를 낼 수 있다.

'ㄱ'에 'ㅏ'를 합체하면 '가'가 된다. 'ㅂ'에 'ㅏ'와 받침 'ㄹ'을 더하면 '발'이 된다. 홀로 설 수 없는 자음이 모음에 안긴 것은 마치 어머니가 아이를 안고 있는 모습이라고 할 수 있다.

한 글자에서 자음은 첫소리와 끝소리에 쓰이고, 모음은 가운뎃소리에 놓인다. '감'에서 첫소리 'ㄱ'과 끝소리(받침) 'ㅁ'이 가운뎃소리 'ㅏ'에 붙어 있다. 두 개의 자음이 하나의 모음에 연결되어 음절을 이룬

---

[10] 국어의 첫소리에 오는 'ㅇ[∅]'은 발음이 되지 않는다. 그래서 '아'와 'ㅏ'는 모두 [ㅏ]로 발음을 한다. '악, 익, 옥, 왈'에서 첫소리 자리에 쓰인 'ㅇ'은 소릿값[音價(음가), 낱글자가 이루고 있는 소리]을 가진 것이 아니고 빈자리를 채우는 동그라미일 뿐이다. '강, 응'과 같이 받침으로 쓰일 때에만 소릿값이 [ŋ]이다.

것이다.

음절에서 자음은 '가, 냐, 더, 려, 미'처럼 'ㅏ, ㅑ, ㅓ, ㅕ, ㅣ'의 왼쪽에 놓이고, '고, 뇨, 두, 류, 므'와 같이 'ㅗ, ㅛ, ㅜ, ㅠ, ㅡ'의 위쪽 자리에 놓인다.

자음과 모음이 어울려 만든 글자 '가나다라-'를 '생일 축하 노래(해피 버스데이 투 유)'에 맞추어 익혀보자.

가 나 다 라 마 바 사 아 자 차 카 타 파 하 아 름

다 운 한~ 글 까 따 빠 싸 짜~ (아)

음절표로
글자 익히기

자음과 모음의 소릿값을 정확히 알고 음절표의 글자를 소리 내어 읽어봅시다.

글자를 바르게 읽으려면, 자음자와 모음자를 소리 내어 읽어가며 소릿값부터 정확하게 익혀야 한다. 그렇게 해야 소리들이 뭉쳐서 이루어지는 낱말을 이해하고 그 뜻을 떠올릴 수 있다.

자음자와 모음자 읽기

자음자 '그, ㄴ, ㄷ……'을 '기역, 니은, 디귿……'처럼 이름이 아닌 소리를 내어 읽는다.

[그, 느, 드, 르, 므, 브, 스, (으), 즈, 츠. 크, 트, 프, 흐; ㄲ, 뜨, 쁘, 쓰, 쯔]

모음자를 소리 내어 읽는다.

ㅏ[아], ㅑ[야], ㅓ[어], ㅕ[여], ㅗ[오], ㅛ[요], ㅜ[우], ㅠ[유], ㅡ[으], ㅣ[이]

음절의 발음

자음자와 모음자가 어울린 글자(음절)를 정확하게 읽는다.

◎ '가'는 'ㄱ(기역)'과 'ㅏ'가 어울려 만들어진 글자다. 소리는 'ㄱ[그] + ㅏ[아] → [그⌒아] → [가]'다.

◎ '깨'는 'ㄲ(쌍기역)'과 'ㅐ'가 어울려 만들어진 글자다. 소리는 'ㄲ[끄] + ㅐ[아이/애] → [끄아⌒이→ 끄애] → [깨]'다.

◎ '땀'은 'ㄸ(쌍디귿)'과 'ㅏ' 그리고 받침 'ㅁ'으로 된 글자다. 소리는 'ㄸ[뜨] + ㅏ[아] + ㅁ[므] →[뜨⌒아므 → 뜨암] → [땀]'이다.

◎ '약'은 'ㅑ'와 받침 'ㄱ(기역)'으로 된 글자다. 소리는 '(이⌒아)[야] + ㄱ[그] → [야그] → [약]'이다.

◎ 'ㅂ, ㅂ, ㅏ'를 사용하여 낱말을 만들면? 밥

◎ 'ㅁ, ㅓ, ㄱ, ㄷ, ㅏ'를 모두 사용하여 낱말을 만들면? 먹다, 검다.

음절과 낱말 읽기

자음과 모음을 조합한 음절표를 보면서 조음 기관(입술, 이, 잇몸, 혀, 목구멍 따위의 발음 기관) 운동을 위해 소리 내어 '가나다라-; 가갸거겨-'로 읽거나, 거꾸로 다시 대각선으로 읽는다.

※ '음절표'를 아이와 함께 모조지 전지 넓이로 만들어 벽에 붙여놓고 자연스럽게 익히는 방법이 있다. 글자를 떠올리며 분명하고 똑똑하게 발음할 수 있도록 큰 소리로 읽기를 되풀이한다.

	ㄱ	ㄴ	ㄷ	ㄹ	ㅁ	ㅂ	ㅅ	ㅇ	ㅈ	ㅊ	ㅋ	ㅌ	ㅍ	ㅎ	ㄲ	ㄸ	ㅃ	ㅆ	ㅉ
ㅏ	가	나	다	라	마	바	사	아	자	차	카	타	파	하	까	따	빠	싸	짜
ㅑ	갸	냐	댜	랴	먀	뱌	샤	야	쟈	챠	캬	탸	퍄	햐	꺄	땨	뺘	쌰	쨔
ㅓ	거	너	더	러	머	버	서	어	저	처	커	터	퍼	허	꺼	떠	뻐	써	쩌
ㅕ	겨	녀	뎌	려	며	벼	셔	여	져	쳐	켜	텨	펴	혀	껴	뗘	뼈	쎠	쪄
ㅗ	고	노	도	로	모	보	소	오	조	초	코	토	포	호	꼬	또	뽀	쏘	쪼
ㅛ	교	뇨	됴	료	묘	뵤	쇼	요	죠	쵸	쿄	툐	표	효	꾜	뚀	뾰	쑈	쬬
ㅜ	구	누	두	루	무	부	수	우	주	추	쿠	투	푸	후	꾸	뚜	뿌	쑤	쭈
ㅠ	규	뉴	듀	류	뮤	뷰	슈	유	쥬	츄	큐	튜	퓨	휴	뀨	뜌	쀼	쓔	쮸
ㅡ	그	느	드	르	므	브	스	으	즈	츠	크	트	프	흐	끄	뜨	쁘	쓰	쯔
ㅣ	기	니	디	리	미	비	시	이	지	치	키	티	피	히	끼	띠	삐	씨	찌

한 글자 또는 여러 글자를 모으면 한 낱말을 만들 수 있다. 음절표에서 아래 낱말[11]을 찾아 소리 내어 읽고 뜻을 떠올려봅시다.

나, 너, 우리, 아가, 가구, 가루, 가지, 거미, 고기, 고라니, 고구마, 고모, 고무, 고추, 교수, 기차, 기타, 나무, 나비, 나이, 너구리, 노루, 누나, 다리, 다리미, 다시마, 도끼, 도라지, 도마, 도토리, 두더지, 두루미, 두부, 라디오, 마디, 마차, 머리, 모자, 묘지, 미로, 미소, 바다, 바지, 바구니, 바나나, 버스, 보리, 부리, 부모, 부자, 비, 비누, 사다리, 사자, 소나기, 소라, 소리, 수도, 아버지, 아이, 아프다, 아프리카, 야구, 야자수, 어머니, 어부, 여우, 여자, 오리, 오빠, 오소리, 오이, 오후, 요리, 우유, 우주, 우표, 유리, 이모, 이사, 이야기, 자두, 자루, 자리, 저고리, 조카, 주머니, 주사, 주소, 주유소, 지구, 지느러미, 지도, 지하, 차표, 처마, 치과, 치마, 치료, 카드, 커피, 코끼리, 코스모스, 크기, 키다리, 타조, 토끼, 토마토, 투우, 투표, 파, 파도, 파리, 파프리카, 포도, 피리, 피부, 피아노, 하루, 하마, 허리, 허수아비, 호두, 호루라기, 호미, 호수, 효자, 휴지, 흐르다, 고려, 교류, 혀뿌리, 뉴스, 버스, 치즈, 튜브, 스프, 커피, 스머프, 스트라이크, 가다, 오

---

[11] 낱말: 문장에서 뜻을 갖고 홀로 쓰일 수 있는 말. =단어. '나는 학교에 갑니다.'라는 문장에서 낱말의 개수는 '나', '는', '학교', '에', '갑니다'로 다섯 개다. '하늘이 매우 파랗다'는 '하늘', '이', '매우', '파랗다'로 낱말이 네 개다. 문장이란? 낱말로 우리의 생각과 느낌을 온전하게 담아 끝맺은 단위를 말한다.

다, 마시다, 바라보다, 구부리다, 기다리다, 겨루다, 짜다, 쓰다; 비가 오다. 어서 오거라, 사러 가자, 키가 크다, 코피가 나다; 까치, 꼬까옷, 꼬끼오, 두꺼비, 꾸미다, 끄트머리, 토끼, 따라오다, 어떠하다, 또다시, 머리띠, 아빠, 기뻐하다, 빠뜨리다, 기쁘다, 뼈, 뽀르르, 뿌리, 고삐, 뾰두라지, 싸우다, 쏘가리, 쓰기, 아저씨, 쪼가리, 찌꺼기

'나무'는 소리 '[나무]'와 뜻 '✹ ⇨ 木'으로 되어 있다. 앞의 낱말들을 카드의 앞면은 글자를 쓰고 뒷면에는 그림을 그려 반복해서 읽고 써본다. 그림과 낱말의 대응을 통해 낱말에 뜻이 있음을 이해한다.

그리고 '리리릿자'로 끝나는 말은? '개나리, 보따리, 소쿠리, 꾀꼬리, 유리, 항아리'와 '오이 - 이사 - 사자 - 자동차……'처럼 낱말의 끝소리를 잇는 방법으로 낱말을 익힌다.

받침이 있는 낱말을 공부한 다음에 "원숭이 똥구멍은 빨개, 빨가면 사과, 사과는 맛있어, 맛있으면 바나나, 바나나는 길어, 길면 기차, 기차는 빨라, 빠르면 비행기, 비행기는 높아, 높으면 백두산. [백두산은 뾰족해, 뾰족하면 주사기, 주사기는 싫어, 싫으면 시집가……]" 이렇게 낱말이 이어지면서 "백두산 뻗어내려 반도 삼천리/ 무궁화 이 강산에 역사 반만 년/ 대대로 이에 사는 우리 삼천만/ 복되도다 그 이름 대한이로세.//"로 끝난다. 〈대한의 노래〉를 부르면서 낱말의 수를 조금씩 늘려나갈 수 있다.

여러 가지 모음자로 이루어진 낱말을 정확하게 소리 내어 계속해

서 읽어봅시다.

- [애] 개, 개미, 배, 새, 해, 매미, 새우, 채소, 노래, 베개, 도깨비, 보배, 조개, 은행, 달팽이
- [에] 게, 가게, 제비, 메아리, 그네, 누에, 수수께끼; 바른 자세, 데려다줄게, 제발 도와주세요.
- [외] 외국, 외투, 최고, 괴물, 열쇠, 참외, 되었다; 계획을 세우다.
- [위] 위험, 가위, 거위, 더위, 바위, 귀고리, 귀뚜라미, 까마귀, 바퀴, 뛰어오다
- [와] 기와, 과자, 과일, 사과, 소화, 콩; 한 장씩 골라 봐요. 바르고 확실하다.
- [워] 고마워요, 도와줘요, 더워요, 병원, 추워요, 태권도; 노래해 줘요.
- [왜] 돼지, 꽹과리; 토끼야, 왜 우니? 놀아도 돼!
- [웨] 웬일이세요? 훼방을 놓다.
- [의] 의사[의ː사], 의자, 무늬[무니], 띄어쓰기[띠어쓰기]; 나의 고향 [나에 고향]¹²
- [예] 예절, 계절, 시계, 차례, 은혜, 지혜롭다; 안녕히 계세요. 예의 바른 자세

---

12 '무늬[무니], 희망[히망], 유희[유히]' 등에서와 같이 자음을 첫소리로 가지고 있는 음절의 'ㅢ'는 [ㅣ]로 발음한다. 낱말의 첫 음절이 아닌 '의'는 [ㅣ]로, 조사 '의'는 [ㅔ]로 발음해도 된다.

받침 있는
낱말 공부

한글에서 모음 글자 아래에 자음자를 붙여 적으면 받침이 있는 음절이 된다. '사'에 'ㄴ'을 받치면 '산'이 된다. 음절의 끝소리가 되는 자음자를 '받침'이라고 한다. 글자의 받침에는 홑받침과 쌍받침, 겹받침이 있다.

홑받침이 있는 낱말

홑받침이 있는 낱말을 소리 내어 읽어봅시다.

/ㄱ/ 목, 턱, 책, 약국, 학교, 색종이, 축하[추카], 손뼉, 막다, 먹다, 썩다

/ㄴ/ 손, 돈, 연필, 운동화, 물건, 건강, 친구, 선생님, 한글

/ㄷ/ 받침, 받아쓰기, 숟가락; 치료를 받다. 소리를 듣다. 물이 묻어

도 젖지 않아요.

/ㄹ/ 말, 달, 물, 불, 달걀, 발견, 꿀벌, 얼굴, 열매, 날씨, 교실, 열흘

/ㅁ/ 봄, 밤, 잠, 감자, 참새, 침대, 함께, 그림, 아침, 점심, 여름, 이름

/ㅂ/ 밥, 집, 모습, 껍데기, 춥다, 덥다, 귀엽다, 즐겁다, 고맙습니다

/ㅅ/ 옷, 그릇, 젓가락, 빗, 무엇, 씨앗, 다섯, 몸짓, 힘껏, 멋지다; 끝말잇기, 웃는 얼굴, 맛있게[마딛께/마싣께] 먹어라. 집을 짓다. 손을 깨끗이 씻어요. 그림을 펼치면 그림이 솟아올라요.

/ㅇ/ 강, 빵, 콩, 당근, 공부, 상추, 동물, 병아리, 창문, 생각, 사냥꾼, 안녕

/ㅈ/ 밤과 낮, 맞은편, 곶감, 낮다, 알맞다, 부딪치다, 찾다; 비에 젖다. 개가 짖다. 늦게 자다.

/ㅊ/ 꽃, 빛깔, 보랏빛, 쫓아가다; 이름은 몇 글자인가요? 햇빛(해의 빛)이 비치다.

/ㅋ/ 들녘, 부엌; 동녘 하늘이 밝아온다.

/ㅌ/ 끝, 낱말, 꽃밭, 바깥쪽, 겉표지, 붙이다; 냄새를 맡다. 같은 색으로 칠해봅시다. 햇볕(해가 내리쬐는 뜨거운 기운)이 쨍쨍 내리쬔다.

/ㅍ/ 앞, 옆, 숲, 무릎, 나뭇잎, 깊다, 갚다, 덮다; 높은 산 깊은 골짜기. 보고 싶어요. 은혜 갚은 두꺼비. 단단한 껍데기로 덮여 있어요. 지팡이를 짚다.

/ㅎ/ 좋다, 조그맣다, 하얗다, 까맣다, 커다랗다; 나는 책 읽기를 좋

아해요. 눈이 쌓이다. 아기를 낳다. 이렇게 해봐요.

쌍받침과 겹받침이 있는 낱말

쌍받침과 겹받침이 있는 낱말을 소리 내어 읽어봅시다.

쌍받침은 똑같은 자음이 겹쳐서 된 받침을 말한다. 'ㄲ'과 'ㅆ'이 있다. 겹받침은 서로 다른 두 개의 자음으로 이루어진 받침이다. 'ㄳ, ㄵ, ㄻ, ㅀ……' 따위가 있다.

쌍받침과 겹받침이 있는 낱말을 읽을 때에 소리가 어떻게 바뀌는지를 알아본다.

※ 홑받침과 겹받침이 들어 있는 낱말의 발음 공부는 다음 장에서 자세하게 다룰 것이다.

/ㄲ/ 볶다[복따], 떡볶이, 볶음밥; 연필을 깎다. 끈을 묶다. 이를 닦다. 겪은 일.

/ㅆ/ 있다[읻따]; 보았다; 잠을 잤다. 학교에 갔다. 모자를 썼다. 밥을 먹었다.

/ㄳ/ 몫을[목쓸] 고르게 나누다. 넋을[넉쓸] 잃다.

/ㄵ/ 앉다[안따], 얹다[언따]; 물건을 선반에 얹어[언저] 놓았다.

/ㄶ/ 많다[만ː타]; 않다[안타]; 줄을 끊다. 이제 괜찮아?[13]

/ㄺ/ 닭, 흙, 늙다; 색이 붉다. 책을 읽다. 맑은 물. 나뭇가지가 굵다. 등을 긁다.

/ㄻ/ 삶다[삼ː따], 닮다, 젊다; 물건을 옮기다. 밥을 굶다.

/ㄼ/ 넓다[널따], 밟다[밥ː따], 짧다, 얇다, 여덟; 얇은 책. 떫은 감. 색깔이 엷다.

/ㄾ/ 혀로 핥다. 사슴벌레는 나뭇진을 핥아 먹어요. 벼이삭을 훑다.

/ㄿ/ 시를 읊다. 읊조리다.

/ㅀ/ 싫다[실타], 잃어버리다; 물이 끓다. 구멍을 뚫다. 감기를 앓다. 무릎을 꿇다.

/ㅄ/ 값[갑], 없다; 값이[갑씨] 비싸다. 물이 없어요. 강아지가 가엾다.

---

[13] '괜찮아'는 '관계하지 않아'가 줄어서 된 말로 발음은 [괜차나]다.

받침 있는 낱말
쓰고 읽기

받침이 있는 낱말을 바르게 쓰고 읽어봅시다.

'저것은 꽃이다.'로 적어야 할 때에 어떤 사람은 '꼬치다', 또 다른 사람은 '꽃히다'로 적는다면 무슨 일이 벌어질까? 이러한 혼란을 막으려고 우리말을 적을 때에 지켜야 할 약속을 정해놓은 규칙이 '한글 맞춤법'이다.

낱말은 쓸 때와 읽을 때가 다르다. 낱말을 이루는 글자와 발음이 다르기 때문에 쓸 때는 한글 맞춤법에 맞게 적는다. 그리고 읽을 때에는 '표준 발음법'에 따른다. 우리는 맞춤법의 기본 원리와 내용을 알고, 그에 맞게 표기하는 능력을 갖추어야 한다.[14]

우리말을 소리 나는 대로 써놓으면 읽기가 불편하고 무슨 뜻인지

---

[14] 한글 맞춤법이 읽기를 염두에 둔 쓰기(글)의 규범이라면 표준 발음법은 듣기를 염두에 둔 말하기(말)의 규범이다. 언어 활동에서 글자는 소리를 옮겨 적는 수단이지 그 자체가 소리는 아니다. 우리는 말을 할 때 글자에 지나치게 끌려가지 않도록 해야 한다. 말은 기본적으로 소리(음성)로 이루어지고 전달되기 때문이다.

알기도 어려워진다. 그러한 까닭으로 맞춤법은 표준어를 소리대로 적되 어법(語法, 말의 일정한 법칙)에 맞도록 표의주의(表意主義, 문자나 부호로 뜻을 나타내야 한다는 주장) 원칙을 따르고 있다.[15]

'소리대로' 적는다는 것은 표준어를 발음 형태대로 쓴다는 뜻이다. '가을 하늘. 새가 날다.' 등이 소리대로 적은 예다.

그런데 글로써 나타내고자 하는 뜻을 정확하게 알리려면 말소리(언어의 형식)와 다르게 적을 때가 있다. 소리대로 *'무리 기퍼'가 아니라 뜻(언어의 내용)을 밝히기 위해서 '물이 깊어'로 적는다. 말하자면 '물+이, 깊(다)-어'처럼 형태소(形態素)[16] 단위로 구별하여 적는다는 뜻이다.

'없다'의 경우 소리 나는 대로 *'업써, 업쓰니, 업따, 엄니'로 써놓으면 그 뜻을 얼른 파악하기가 어렵다. '없다'의 뜻을 분명히 전달하기 위하여 어간 '없-'에 연결 어미 '-어, -으니, -다, -니'를 따로따로 떼어 '없어, 없으니, 없다, 없니'로 어법에 맞도록 적는 것이다.

'꽃을'을 *'꼬슬'로 잘못 읽는 사람도 있지만 [꼬츨]로 발음하며 낱

---

15 한글은 음소 문자(낱말 의미의 구별을 가져오는 낱낱의 말소리)면서 음절 문자와 같이 모아쓰기를 하고, 표음(表音) 문자면서 표기상으로는 표의주의 곧 형태주의를 취하고 있어서 언어적으로 양면성을 가진 독특한 문자 언어다. 한글 맞춤법 제1항은 '소리대로' 적되(음소적 원리, 표음주의) '어법에 맞도록' 원형을 밝혀 적음(형태소적 원리, 표의주의)을 원칙으로 한다고 하였다. 표음주의와 표의주의를 조화한 이상적인 표기법이다.

16 형태소란? 뜻을 가진 가장 작은 말의 단위를 뜻한다. 낱말 '이야기책'은 '이야기'와 '책'이 각각 형태소에 해당한다. 더 이상 쪼개면 말의 뜻이 없어진다. '꽃이 피었다.'는 '꽃', '이', '피-', '-었-', '-다'의 다섯 개 형태소로 이루어진 문장이다.

말의 꼴(형태)을 바꾸지 않고 시각적(視覺的, 눈으로 보는 것)으로 '꽃을'이라고 쓴다. '꽃을'로 표기해야지 *꼿을/꼬슬/꼬츨/꼬틀'이라고 써놓으면 맞춤법에 어긋난다.

우리가 말을 하거나 문장을 읽을 때는 [지바프로 말근무리 흐른다]가 맞다. 그러나 이렇게 써놓으면 읽고 그 뜻을 바로 알아차리는 데 시간이 걸린다. 그러므로 글로 표현할 때에는 소리보다 뜻 전달이 더 중요하므로 낱말의 형태를 밝혀 '집 앞으로 맑은 물이 흐른다.'로 적어야 한다. 글을 읽고 쉽게 이해하기 위하여 형태소를 눈에 일정한 모습으로 드러나게 해주는 표기법이다.

홑받침의 발음

'집이 매우 넓다.'에서 '집이'를 한 글자씩 읽을 때는 '집'을 [집], '이'는 [이]라고 읽는다. 그러나 앞 낱말의 받침 /ㅂ/을 뒤에 오는 'ㅇ'[17]의 자리에 이어 읽으므로 [지비]라고 발음한다.

앞말의 받침을 뒤에 오는 'ㅇ'의 자리에 두고 자연스럽게 이어서 읽는다. '할아버지', '꽃이', '앞으로', '밥을 먹어요.'는 '[하라버지], [꼬치], [아프로], [바블 머거요]'로 읽어야 한다.

---

[17] '이'에서 첫소리 자리에 쓰인 'ㅇ'은 소릿값이 없는 빈자리다.

낱말과 문장을 소리 나는 대로 읽어봅시다.

◎ 큰아버지, 걸어가다, 일어나다

옷[옫] 옷을 입어요.[오슬 이버요]

잎[입] 나뭇잎이 파랗다.[나문니피 파라타]

【쓰기】 기린은 목이 길다. → **【읽기】** [기리는 모기 기일다] ※ '길다'는 긴소리다.

【쓰기】 호랑이 구름이 토끼를 쫓아갑니다. → **【읽기】** [호랑이 구르미 토끼를 쪼차감니다]

【쓰기】 손과 발을 깨끗이 씻어요. → **【읽기】** [손과 바를 깨끄시 씨서요]

【쓰기】 책을 읽어요. → **【읽기】** [채글 일거요]

【쓰기】 내가 언덕을 만들어줍니다. → **【읽기】** [내가 언더글 만드러줍니다]

【쓰기】 무릎을 다쳤어요. → **【읽기】** [무르플 다처써요/다천써요]

【쓰기】 감을 깎아서 햇볕에 말려 먹기도 합니다. → **【읽기】** [가믈 까까서 해벼테/핻벼테 말려 먹끼도 함니다]

【쓰기】 자신의 붉은 옷을 벗어 살포시 덮어 주었어요. → **【읽기】** [자시네 불근 오슬 버서 살포시 더퍼 주어써요/주언써요]

【쓰기】 나랑 같이 놀아요. → **【읽기】** [나랑 가치 노라요] ※ 아래에서 설명하고 있는 '입천장소리' 보기

【쓰기】 알맞은 제목을 붙여요. → 【읽기】 [알마즌 제모글 부처요]

【쓰기】 해돋이를 구경 갔어요. → 【읽기】 [해도지를 구경 가써요/간써요]

【쓰기】 가을걷이, 쇠붙이 → 【읽기】 [가을거지, 쇠부치]

【쓰기】 꽃밭이 끝이 없이 넓다. → 【읽기】 [꼳바치 끄치 어업씨 널따] ※ '없이'는 긴소리다.

'같이'에서 받침 /ㅌ/이 모음 '이'와 만나면 *'가티'가 아니라 [가치]로 읽는다. '밭+이'는 [바치], '햇볕+이'는 [해뼈치]로 읽는다. '붙여요'는 '붙이어요'의 준말이므로 'ㅌ'이 '이'와 만나 각각 [부처요/부치어요]로 발음한다. '지난 일을 굳이 캐묻지 않겠다.', '해돋이 구경을 가다.'에서 '굳이, 해돋이'도 *'구디/해도디'가 아니라 [구지/해도지]로 읽는다.[18]

이와 같이 받침 /ㄷ/과 /ㅌ/이 조사나 접미사로 쓰이는 모음 '이'를 만나면 '디, 티'보다 [지, 치]가 입안 생김새로 보아 발음 위치가 서로 가까워서 소리가 편하게 난다. 이러한 규칙을 '입천장소리되기(구개음화)'라고 한다.

---

18 한 낱말 안이나 합성 과정에서는 구개음화가 일어나지 않는다. '마디, 어디, 잔디, 티끌, 라디오, 견디다, 버티다'는 단일어(쪼갤 수 없는 낱말)이므로 [디], [티] 그대로 읽는다. '끝인사'도 '끝'과 '인사'가 합쳐진 낱말이므로 *'끄친사'가 아니고 구개음화가 일어나지 않아 [끄딘사←끝+인사]로 읽는 것이다. 합성어 '밭이랑'도 *'바치랑'이 아니고 [반니랑], '홑이불'도 *'호치불'이 아니고 [혼니불]이 표준 발음이다.

☞ /ㄷ, ㅌ/ + '이(조사)/-이(접미사)' ⇨ [지, 치]

겹받침의 발음

겹받침 소리의 원리

겹받침은 첫 번째 자음과 두 번째 자음 중 하나만 소리가 난다. '흙'은 [흑]으로 발음한다. 그러나 겹받침 뒤에 모음으로 시작하는 'ㅇ'과 만나면 뒷말 첫소리로 이어서 읽는다. 예를 들면 '흙+이'와 '흙+을'은 각각 '*흐기/흐글'이 아닌 [흘기/흘글]로 바르게 읽는다.

받침 'ㄳ, ㅄ'에서 'ㅅ'은 '몫+이[목씨], 없-이[업ː씨], 값+이[갑씨], 값+을[갑쓸]'처럼 된소리 [ㅆ]로 발음한다. 다만, 하나의 낱말(파생어, 합성어)인 '값-어치', '값+있는'은 발음이 '*갑써치, *갑씬는'이 아니라 [가버치], [가빈는←갑+인는]으로 읽어야 한다.[19]

다음 낱말과 문장을 소리 내어 바르게 읽어봅시다.

닭[닥] 닭이[달기] 부리로 모이를 쪼아 먹어요.

값[갑] 물건 값이[갑씨] 매우 비싸요.

없다[업ː따] 물이 없어요.[무리 업ː써요]

---

[19] '맛+있다'는 [마싣따]와 [마딛따]를 모두 표준 발음으로 인정하지만, '맛+없다'는 *[마섭따]를 인정하지 않고 [마덥따]로 발음한다.

【쓰기】 의자에 앉아서 책을 읽어요. → **【읽기】** [의자에 안자서 책글 일거요]

【쓰기】 닭이 '꼬끼오' 하고 웁니다. → **【읽기】** [달기 꼬끼오 하고 움:니다]

【쓰기】 흙을 삽으로 퍼 담아요. → **【읽기】** [흘글 사브로 퍼 다마요]

【쓰기】 넓은 보리밭을 밟아요. → **【읽기】** [널븐 보리바틀 발바요]

【쓰기】 붉은 여우 아저씨 → **【읽기】** [불근 여우 아저씨]

【쓰기】 높은 산 맑은 물 → **【읽기】** [노픈 산 말근 물]

【쓰기】 단풍잎이 붉게 물들었습니다. → **【읽기】** [단풍니피 불께 물드러씀니다]

【쓰기】 고양이가 먹이를 핥아 먹어요. → **【읽기】** [고양이가 머기를 할타 머거요]

【쓰기】 6 나누기 2의 몫은 3이다. → **【읽기】** [육 나누기 이에 목쓴 사미다]

【쓰기】 넋을 잃다. → **【읽기】** [넉쓸 일타]

받침 ㅎ과 ㄶ, ㅀ의 발음[20]

'좋다[조:타]'[21]가 '오늘 기분이 좋아요.[조아요]' 그리고 '넣다[너:타]'가 '책을 가방에 넣어요.[너어요]'에서와 같이 앞 낱말의 받침 'ㅎ'이 모음으로 시작되는 '-이, -아/-어, -은/-을' 따위와 이어질 때에는 소리가 나지 않고 없어지는 것이다.

'않다[안타]'가 '않아요[아나요]', '싫다[실타]'가 '싫어요[시러요]', '잃다[일타]'가 '잃어버리다[이러버리다]'처럼 겹받침 'ㄶ', 'ㅀ'도 뒤에 오는 'ㅇ'과 결합될 때 발음하지 않는다.

다음 낱말을 바르게 읽어봅시다.

【쓰기】 좋은 점을 찾아 ∨표를 해봅시다. → **【읽기】** [조은 저믈 차자 ∨표를 해봅씨다]

【쓰기】 도서관에는 책이 많이 있어요. → **【읽기】** [도서과네는 채기 마:니 이써요/인써요]

【쓰기】 장갑을 잃어버렸어요. → **【읽기】** [장가블 이러버려써요]

【쓰기】 주전자에 물이 끓어요. → **【읽기】** [주전자에 무리 끄러요]

---

20 받침 'ㅎ(ㄶ, ㅀ)' 뒤에 'ㄱ, ㄷ, ㅈ'이 결합되는 경우에는, 뒤 음절 첫소리와 합쳐서 [ㅋ, ㅌ, ㅊ]으로 발음한다. '놓고[노코], 좋던[조턴], 쌓지[싸치], 많고[만코], 않던[안턴], 닳지[달치]'이며 다만 '싫증'은 [실쯩]으로 발음한다. 'ㅅ'이 결합될 때는 [ㅆ]으로 발음한다. '닿소[다쏘], 많소[만쏘], 싫소[실쏘]'이다.

21 기본형 '좋다[조:타], 넣다[너:타], 않다[안타], 많다[만:타], 잃다[일타]'는 '거센소리되기'에 해당한다.

거센소리 읽기

소리 내어 말할 때 편하게 말하기 위하여 두 음운이 합쳐져서 하나의 음운(소리)이 되는 것을 '축약(縮約, 줄여서 간략하게 함)'이라고 한다. 또한 예사소리가 /ㅎ/과 어울려 거센소리로 변하는 규칙을 '거센소리되기'라고 한다.

☞ 예사소리 /ㄱ, ㄷ(ㅅ), ㅂ, ㅈ/ + /ㅎ/ ⇨ 거센소리 /ㅋ, ㅌ, ㅍ, ㅊ/[22]

말소리의 바뀜에 주의하며 소리 내어 정확하게 읽어봅시다.

◎ 국화[구콰], 맏형[마텽], 입학[이팍], 맞히다[마치다]
◎ 육학년[유캉년], 힘이 약하다.[히미 야카다], 나는 행복해요.[나는 행보캐요]

【쓰기】 입학을 축하합니다. → 【읽기】 [이파글 추카함니다]

【쓰기】 인형을 무릎에 앉히다. → 【읽기】 [인형을 무르페 안치다]

【쓰기】 어떻게 하면 좋을까요. → 【읽기】 [어떠케 하면 조을까요]

【쓰기】 이렇게 해봐요. 괜찮아요. → 【읽기】 [이러케 해:봐요 괜차나요]

【쓰기】 따뜻한 봄이 왔어요. → 【읽기】 [따뜨탄 보미 와써요]

【쓰기】 도둑은 고약한 마음을 먹었어요. → 【읽기】 [도두근 고야칸

---

22 ※ 더 읽을거리 '거센소리로 굳어진 말' 보기.

마으믈 머거써요]

【쓰기】 아저씨가 흐뭇한 미소를 지으며 말했어요. → **【읽기】** [아저씨가 흐무탄 미소를 지으며 마알핻써요]

【쓰기】 눈이 소복이 쌓인 하얗고 고요한 마을 → **【읽기】** [누우니 소보기 싸인 하야코 고요한 마을]

【쓰기】 더 이상 알을 잃을까 봐 걱정하지 않게 되었어요. → **【읽기】** [더 이상 아를 이를까 봐 걱쩡하지 안케 되얻써요]

【쓰기】 부리가 물에 닿지 않는 물병을 발견함. → **【읽기】** [부리가 무레 다:치 안는 물뼝을 발견함]

【쓰기】 코가 막히고 목이 아파요. → **【읽기】** [코가 마키고 모기 아파요]

음절의 끝소리 규칙

우리말에는 여러 종류의 홑받침과 겹받침이 있다. 받침이 있는 글자(음절)를 읽을 때에 정해진 소리는 [ㄱ, ㄴ, ㄷ, ㄹ, ㅁ, ㅂ, ㅇ]이다. 받침소리는 7개 자음으로만 발음한다.

'낫, 낮, 낯'은 모두 [낟]으로 발음한다. 그러나 모음으로 시작되는 말(조사, 어미)이 뒤에 오면 '낫이[나시], 낮이[나지], 낯이[나치]'와 같이 받침이 그대로 이어져 발음된다.[23] 겹받침 '흙[흑]'과 '흙으로[흘그로]'의 발음도 마찬가지다.

음절의 끝소리인 받침을 일곱 개의 소리로만 바꾸어 읽는 것을 '음절의 끝소리 규칙'이라고 한다.

[ㄱ] 박, 밖, 부엌, 몫, 닭, 흙, 닦다 → [박/박/부억/목/닥/흑/닥따]

---

[23] '낯익다'는 '낯'과 '익다'의 낱말과 낱말을 합친 합성어이므로 '*나치따'가 아니라 [난닉따]로 발음해야 맞다.

[ㄴ] 간, 반, 앉다, 않다 → [간/반/안따/안타]

[ㄷ] 낫, 낮, 빛, 밭, 옷, 있다, 낳다 → [낟/낟/빋/받/옫/읻따/나:타]

[ㄹ] 말, 발, 넓다,²⁴ 싫다, 핥다 → [말/발/널따/실타/할따]

[ㅁ] 밤, 섬, 삶다, 젊다, 옮기다 → [밤/섬/삼:따/점:따/옴기다]

[ㅂ] 법, 앞, 옆, 숲, 값, 밟다,²⁵ 읊다 → [법/압/엽/숩/갑/밥:따/읍따]

[ㅇ] 강, 방 → [강/방]

☞ 받침 'ㄱ, ㄲ, ㅋ, ㄳ, ㄺ'은 [ㄱ], 'ㄴ, ㄵ, ㄶ'은 [ㄴ], 'ㄷ, ㅅ, ㅈ, ㅊ, ㅌ, ㅎ, ㅆ'은 [ㄷ], 'ㄹ, ㄾ, ㅀ'은 [ㄹ], 'ㅁ, ㄻ'은 [ㅁ], 'ㅂ, ㅍ, ㅄ, ㄼ, ㄿ'은 [ㅂ], 'ㅇ' 받침은 [ㅇ]으로 읽는다.

---

24 '넓다[널따]'는 자음 앞에서는 [널-]로 발음한다. 다만, '넓죽하다'는 [넙쭈카다], '넓둥글다'는 [넙뚱글다]로 읽는다.

25 '밟다[밥:따]'는 자음 앞에서는 '밟고[밥:꼬]', '밟는[밥:는→밤:는]', '밟지[밥:찌]'처럼 [밥-]으로 발음한다.

음운끼리 만나
소리가 변하는 규칙

모난 돌들이 서로 부딪치고 갈리면서 매끈한 조약돌로 변형되듯이, 음운끼리 만나도 조건에 따라 발음하기 편한 부드러운 소리로 바뀐다. 자음과 자음이 이어질 때, 서로 영향을 주고받아 어느 한쪽 또는 양쪽 모두 비슷하거나 같은 소리로 바뀌는 현상을 '자음 동화(子音同化)'라고 한다.

'신라'와 '국물'을 어떻게 읽어야 옳은가. '신라'는 분명히 '신'과 '라'인데, 말할 때에는 음운이 변동하여 [실라]라고 소리를 낸다. 왜 *'신라'라고 발음하지 않을까? 또 '국물'은 왜 *'국물'이라고 발음하지 않고 [궁물]이라고 하는가? 두 글자 각각의 음운을 살려 읽으려면 발음하기 어렵지만, [실라]나 [궁물]과 같이 본래 음운과 다르게 읽어야 자연스럽기 때문이다.

'꽃'이 홀로 있을 때는 받침 'ㅊ'이 [ㄷ] 소리로 바뀌어 [꼳]으로 발음한다. 그런데 그 뒤에 모음으로 시작되는 '을'이나 '에'가 오면 *[꼬들,

꼬데]가 아니라 '꽃을[꼬츨], 꽃에[꼬체]'로 이어 읽는다. 뒤에 '만'이 오면 '꽃만[꼰만←꼳만]'에서 보듯이 받침 'ㄷ'이 'ㅁ'의 영향을 받아 [ㄴ]으로 바뀌어 [꼰만]으로 발음된다.

낱말과 낱말이 어울려 새로운 낱말을 만들 때, 원래 없던 소리가 덧나는 것을 '사잇소리 현상[26]'이라고 한다. '바다'와 '가(가장자리)'에 사이시옷(ㅅ) 받침을 넣어 '바닷가'로 적고 *[바다가]가 아닌 [바다까/바닫까]로 발음이 바뀌는 규칙이다.

이렇게 소리가 바뀌는 까닭은, 우리가 말을 할 때 힘을 덜 들이고 쉽고 빠르게 발음하겠다는 '노력 경제의 원칙'이 반영된 결과다.[27] 음운끼리 만나 소리가 변하는 여러 규칙은 학년이 올라가면서 단계별로 자세하게 배우게 될 것이다.

다음 글을 정확한 발음으로 소리 내어 읽어봅시다.

단풍잎이[단풍니피] 붉게[불께] 물들었습니다. 바람이 불자, 한 잎 두 잎[한 닙 두 입] 떨어졌습니다.

책 가운데에는 좋은[조은] 책도 있고 나쁜 책도 있습니다. 책을[채글] 많이[마:니] 읽는[잉는] 것도 중요하지만, 좋은 책을 가려 뽑아 읽는 것이

---

26 자세한 설명은 ※ 더 읽을거리 '낱말의 사잇소리 현상' 보기.

27 음운이 변동하는 규칙에 '된소리되기', '거센소리되기', '/ㄴ/ 첨가(덧붙임)', '모음 조화', '음운의 축약(줄어듦)', '탈락(없어짐)' 따위가 있다.

더 중요합니다.

어떻게 하면 감기를 예방할 수[쑤] 있는지 아시죠? 손을 깨끗이[깨끄시] 씻는 것 잊지[이찌/읻찌] 마시기 바랍니다. 또한 한낮에[한나제] 따뜻할 때 야외로 나가 흙을 밟고[흘글 밥:꼬] 산책을 하면 기분도 좋아질 것입니다.

별이 반짝이는 깊은[기픈] 밤이었습니다. 캄캄한 밤중에 미닫이문[미다지문] 사이로 불빛이[불삐치] 새어 나오는 방에서 사내아이가 글을 읽고[일꼬] 있었습니다. '오늘 배운 것은 오늘 다 익히자[이키자].' 사내아이는 이렇게[이러케] 다짐하였습니다.

김치가 좋아요

김치는 우리나라 사람들이 옛날부터 먹던 음식이다. 이제는 외국 사람들도 김치를 좋아해서 많이 먹는다고 한다. 김치에는 갖가지 양념이 들어가서 맛도 좋고[맏또 조코] 영양가도 높다. 그리고 종류도 여러 가지여서 입맛에 따라 골라 먹을 수 있다. 나는 김치를 좋아한다. 나는 김치가 없으면 밥맛이 나지 않는다. 그런데 요즈음에는 김치보다 햄을 더 좋아하는 친구들이 많다. 내 친구 윤주도 김치보다 햄을 더 좋아한다. 나는 친구들이 김치를 즐겨 먹었으면 좋겠다고 생각한다.

어떻게 하면 좋을까?

고양이가 날마다 쥐를 잡아갔습니다. 엄마 쥐가 가족을 모아놓고 회의를 열었습니다.

첫째 쥐가 말하였습니다.

"이사를 가면 좋겠어요. 이웃 마을에는 고양이가 없을 거예요."

그러자 둘째 쥐가 말하였습니다.

"이삿짐을 싸려면 너무 힘들잖아요? 차라리 한 명씩 돌아가며 망을 보도록 해요."

그러자 셋째 쥐가 말하였습니다.

"고양이 목에 방울을 달면 어때요? 고양이가 올 때마다 방울 소리가 나니까 빨리 도망갈 수 있어요."

≪ 쉬어가기 ≫

국어사전에서 낱말(단어)을 찾는 방법을 알아보자.

국어사전은 낱말들을 자음과 모음 순서대로 [28] 늘어놓아 낱말의

---

[28] 낱말을 사전에 올리는 자모 순서는 다음과 같다.
자음(19): ㄱ, ㄲ, ㄴ, ㄷ, ㄸ, ㄹ, ㅁ, ㅂ, ㅃ, ㅅ, ㅆ, ㅇ, ㅈ, ㅉ, ㅊ, ㅋ, ㅌ, ㅍ, ㅎ
모음(21): ㅏ, ㅐ, ㅑ, ㅒ, ㅓ, ㅔ, ㅕ, ㅖ, ㅗ, ㅘ, ㅙ, ㅚ, ㅛ, ㅜ, ㅝ, ㅞ, ㅟ, ㅠ, ㅡ, ㅢ, ㅣ
받침(26): ㄱ, ㄲ, ㄳ, ㄴ, ㄵ, ㄶ, ㄷ, ㄹ, ㄺ, ㄻ, ㄼ, ㄽ, ㄾ, ㄿ, ㅀ, ㅁ, ㅂ, ㅄ, ㅅ, ㅆ, ㅇ, ㅈ, ㅊ, ㅋ, ㅌ, ㅍ, ㅎ

표기, 품사,[29] 발음, 쓰임, 뜻 따위를 풀이해 놓은 책이다. 음절표를 활용하여 '사전 찾는 방법'을 익히고 '가다, 간, 까다, 나, 다리, 달, 닭, 따르다, 사람, 살, 무릎'을 찾아보자. 국어사전에 실린 올림말(표제어)에서 동사와 형용사는 활용형(먹-고, 먹-는다, 먹-어, 먹-으니; 아름답-고, 아름다워)이 아닌 기본형(먹다; 아름답다)만 나옴에 주의한다.

사전을 늘 곁에 두고 모르는 낱말이 있으면 그때그때 찾아보는 습관이 좋은 공부 방법이다. 사전 뒷부분에 '한글 맞춤법'이 실려 있다.

---

[29] 품사(品詞)는 의미·형태·기능으로 보아 공통된 성질을 지닌 낱말(단어)끼리 묶어놓은 갈래를 말한다. 국어의 품사에는 명사, 대명사, 수사, 조사, 동사, 형용사, 관형사, 부사, 감탄사가 있다.

받아쓰기 방법과 연습

문해력 = 읽기 + 쓰기 능력

말을 하고 글을 쓸 때에 지켜야 하는 규칙이 있다. 다른 사람들과 생각이나 뜻을 잘 통하게 하려면 맞춤법과 발음법을 배우고 익혀 바른 언어생활을 해야 한다.

그렇게 하려면 먼저 글자의 소릿값을 알고 교과서의 문장을 의미를 살려 거침없이 줄줄 읽을 줄 알아야 한다. '소리 내어 읽기'는 읽기와 쓰기(맞춤법)의 어려움을 한꺼번에 해결하고 문해력을 높일 수 있는 가장 좋은 방법이다.

읽기와 받아쓰기를 제대로 못 하면 글 내용에 대한 이해도가 떨어져 학습 부진으로 이어진다. 그러므로 읽기와 쓰기 능력 향상은 어휘력을 포함하여 초기 문해력을 기르는 데 도움이 될 뿐만 아니라 아이의 자존감을 높이는 지름길이다.

낱말을 소리 나는 대로 쓰면 읽기에 불편하고 뜻도 얼른 떠오르지 않는다. '꽃이 피었다.'를 *'꼬치 피얻따', '철이가 늦었어.'를 *'처리가 느저써', '난로, 나뭇잎, 같이'를 발음 나는 대로 [날로], [나문닙], [가치]로 적어놓으면 무슨 말인지 알기 어렵다. 그래서 낱말을 적을 때에는 읽을 때와 달리 원래 형태로 밝혀 쓰는 것이다.

받아쓰기는 남이 하는 말이나 읽는 글을 듣고 종이에 받아 적는 활동이다. 선생님이 읽어주는 우리말을 맞춤법에 맞게 적어야 하는 공부다. 그런데 받아쓰기를 할 때에 말하는 소리를 그대로 옮겨놓으면 뜻에 맞지 않고 이상한 글자가 되니 주의해야 한다. 예를 들어 '같이(함께)'와 '가치(값)'는 [가치]로 같은 소리지만 뜻이 전혀 다른 낱말이다. '반듯이(반듯하게)'와 '반드시(꼭)'도 마찬가지다. 그래서 소리가 비슷한 낱말도 문맥에 맞게 가려 써야 한다.[30]

받아쓰기를 잘하려면

받아쓰기를 잘하려면 어떻게 해야 할까?
받아쓰기 활동은 낱말을 맞춤법에 맞게 쓸 수 있도록 가르치는 데 그 목적이 있다.
앞에서 공부하였듯이, 글을 읽을 때에 낱말 표기와 다르게 소리

---

[30] ※ 더 읽을거리 '소리가 비슷하지만 뜻이 다른 말', '쓰임이 다른 낱말 가려 쓰기' 보기.

나는 경우가 있다. 그러면 어떻게 해야 받아쓰기를 잘할 수 있을까. 문장 속에서 낱말을 바르게 읽을 줄 알면 받아쓰기를 쉽고 정확하게 할 수 있는 자신감이 생긴다.

맞춤법에 따라 낱말이나 문장을 정확하게 기억하여 적어야 하기 때문에 꾸준한 연습이 필요하다. 낱말보다 문장 위주로 받아쓰기를 준비하면 어휘 공부에 도움이 된다.

받아쓰기를 잘하려면 다음과 같이 네 가지를 익혀야 한다.

첫째, 낱말과 낱말은 띄어 쓰지만, 조사는 그 윗말에 붙여 쓴다. 이들은 적을 때와 읽을 때가 다를 수 있다.

예를 들면 '흙이 곱다.'는 낱말 '흙, 이, 곱다'가 모여 이룬 문장이다. 명사 '흙'의 발음은 [흑]이고, 조사 '이'는 [이]로 읽는다. '흙이'로 붙여 쓰고 읽을 때는 소리가 [흘기]다. 그러므로 [흘기 고옵따]를 받아쓸 때에는 '흙이 곱다.'로 적는다.

'흙+이'에서와 같이 '곁, 무릎'도 뒤에 'ㅇ'이 오면 '곁에, 무릎을'로 적고 [겨테, 무르플]로 소리가 난다는 사실을 알고 있어야 한다.

둘째, 동사와 형용사의 '기본형'을 알고 '어미변화'를 이해해야 한다. 어간과 어미는 붙여 쓴다. '편지 잘 *바다써.'에서 기본형 '받다'를 알면 '받았어[←받(어간)-았[31]-어(어미)]'로 바르게 쓸 수 있다.

셋째, 한 낱말에서 자음과 자음, 모음이 만나 발음이 변하는 여러

---

[31] '-았-/-었-'은 동사나 형용사 어간과 종결어미 사이에 끼어 과거 시제를 나타내는 선어말 어미다.

가지 음운 규칙을 이해한다. '꽃[꼳]'과 '잎[입]'을 따로따로 읽을 때와 '꽃잎[꼰닙←꼳+닙]'을 읽을 때 어떻게 소리가 다른지 알면 받아쓰기를 정확하게 할 수 있다.

넷째, 소리가 비슷하지만 뜻이 다른 말을 가려 쓸 줄 알아야 한다.

※ 더 읽을거리 '소리가 비슷하지만 뜻이 다른 말' 보기.

≪ 익힘 문제 ≫

※ 받아쓰기[32] 연습을 해봅시다.
- ◎ [하느레는 구르미 두둥실] 【쓰기】 하늘에는 구름이 두둥실
- ◎ [노픈산 기픈물] 【쓰기】 높은 산 깊은 물
- ◎ [말근 하늘] 【쓰기】 맑은 하늘
- ◎ [편:지 잘 바다써] 【쓰기】 편지 잘 받았어.
- ◎ [달기 달갸를 나으면] 【쓰기】 닭이 달걀을 낳으면 ※ 기본형은 '낳다'.
- ◎ [굴근 나무까지/나묻까지] 【쓰기】 굵은 나뭇가지

---

[32] 받아쓰기 시험에서 '몇 점을 받았느냐?'보다 틀린 문제를 이해시키고, '괜찮아.', '너는 잘할 수 있어.'라는 격려의 말 한마디가 아이의 자존감을 높여주는 효과가 있다. 따스한 눈길과 신뢰하는 마음으로 아이들을 대해야 한다.
선생님이 어떤 학생에게 성적이 오를 것이라고 기대를 하면 실제로 그 기대는 들어맞는다. 어떻게 행동하리라는 주위의 예언이 아이에게 영향을 주어 결국 그렇게 행동하도록 만든다는 이론이 '자기 충족적 예언(self-fulfilling prophecy)'이다. '피그말리온 효과'라고도 한다.

- ◎ [사이조케 지냄니다] 【쓰기】 사이좋게 지냅니다.
- ◎ [왜 그러케 도망가니] 【쓰기】 왜 그렇게 도망가니?
- ◎ [엄마 겨테 안자서] 【쓰기】 엄마 곁에 앉아서
- ◎ [이러버린 물거늘 차자서 다행이다] 【쓰기】 잃어버린 물건을 찾아서 다행이다.
- ◎ [마신는/마딘는 음:식] 【쓰기】 맛있는 음식
- ◎ [소리를 드찌/듣찌 아나요] 【쓰기】 소리를 듣지 않아요.
- ◎ [모두 어디 간니] 【쓰기】 모두 어디 갔니?[←가(다)-앗-니]
- ◎ [박쑤를 첟씀니다] 【쓰기】 박수를 쳤습니다.
- ◎ [아가야, 괜차나] 【쓰기】 아가야, 괜찮아?(←'관계하지 않아'의 준말)
- ◎ [하:얀 소그미 쏘다저 나왇꼬] 【쓰기】 하얀 소금이 쏟아져 나왔고[←나오(다)-앗-고]
- ◎ [나눠 머거써/머걷써] 【쓰기】 나눠 먹었어.
- ◎ [얄븐 종이를 풀로 부치다] 【쓰기】 얇은 종이를 풀로 붙이다.
- ◎ [끄늘 뭉는다] 【쓰기】 끈을 묶는다.
- ◎ [책쌍을 다까따/다깓따] 【쓰기】 책상을 닦았다.
- ◎ [자믈 자따/잗따] 【쓰기】 잠을 잤다.[←자(다)-앗-다]
- ◎ [나 혼자 머글 꺼야] 【쓰기】 나 혼자 먹을 거야.(←'것이야'의 준말)
- ◎ [숩쏘게서 기를 이러버려써/이러버렫써] 【쓰기】 숲속에서 길을

잃어버렸어.
- ◎ [할 마아를 이저버려써요/이저버련써요] 【쓰기】 할 말을 잊어버렸어요.
- ◎ [해뼈치/핻뼈치 따스한 오후] 【쓰기】 햇볕이 따스한 오후
- ◎ [가아믈 까까서 해뼈테/핻뼈테 말려요] 【쓰기】 감을 깎아서 햇볕에 말려요.
- ◎ [느저서 미아내] 【쓰기】 늦어서 미안해.
- ◎ [이짜나/읻짜나] 【쓰기】 (다음 기회가) 있잖아.(←'있지 않아'의 준말)
- ◎ [흘글 꾹 발바노얃써요] 【쓰기】 흙을 꾹 밟아놓았어요. ※ 기본형은 '놓다'.
- ◎ [일꼬 시픈 채기 마아나요] 【쓰기】 읽고 싶은 책이 많아요.
- ◎ [차즐 쑤가 어업딴다] 【쓰기】 (이제는 어미를) 찾을 수가 없단다. ※ 기본형은 '찾다'.
- ◎ [지저따/지젇따] 【쓰기】 (개가 멍멍) 짖었다.
- ◎ [바블 멍는다] 【쓰기】 밥을 먹는다.
- ◎ [암탈기 아를 나얃써요] 【쓰기】 암탉이 알을 낳았어요.
- ◎ [안과 바끌 안파끼라고 함니다] 【쓰기】 안과 밖을 안팎이라고 합니다.
- ◎ [머찌지/먿찌지 안니?] 【쓰기】 멋지지 않니?(←'아니하니'의 준말)
- ◎ [기픈 숩쏘게서] 【쓰기】 깊은 숲속에서

- ◎ [나겨비 싸여가써요/갇써요] 【쓰기】 낙엽이 쌓여갔어요.(←'가(다)-았-어요'의 준말)
- ◎ [박쑤를 쳗씀니다] 【쓰기】 박수를 쳤습니다.(←'치(다)-었-습니다'의 준말)
- ◎ [핻꽈일과 핻꼭씩 해콩] 【쓰기】 햇과일과 햇곡식, 해콩[33]
- ◎ [이튼날 아침] 【쓰기】 이튿날[34] 아침
- ◎ [숟까라콰 젇까락] 【쓰기】 숟가락과 젓가락
- ◎ [내앰새를 마틀 쑤도 어업써요] 【쓰기】 냄새를 맡을 수도 없어요.
- ◎ [무르피 벋껴저 피가 낟씀니다] 【쓰기】 무릎이 벗겨져 피가 났습니다.
- ◎ [연피를 깍따] 【쓰기】 연필을 깎다.
- ◎ [나겨블 밥:따/바압따] 【쓰기】 낙엽을 밟다.
- ◎ [생각뽀다 무리 깁찌 안타] 【쓰기】 생각보다 물이 깊지 않다.
- ◎ [마딛께/마싣께 머걷씀니다] 【쓰기】 맛있게 먹었습니다.
- ◎ [소늘 깨끄시 씨서요] 【쓰기】 손을 깨끗이 씻어요.

---

33 '햇-/해-'는 일부 명사 앞에 붙어 '그 해에 처음 나온 것. 얼마 되지 않은'을 뜻하는 접두사다. '햇-+예사소리 /ㄱ, ㄷ, ㅂ, ㅅ, ㅈ/로 된 명사 ⇒ 된소리로 바뀜. 예) 햇과일, 햇감자, 햇보리, 햇병아리 따위. '해-+쌍시옷/거센소리'로 된 명사 ⇒ 사이시옷 없음. 예) 해쑥: 해차, 해콩, 해팥 따위.

34 끝소리가 /ㄹ/인 말과 딴 말이 어울릴 적에 'ㄷ' 소리로 나는 것은 'ㄷ'으로 적는다.(한글 맞춤법 제29항) 예) 이튿날(이틀~), 사흗날(사흘~), 숟가락(술~), 삼짇날(삼질~), 섣달(설~), 반짇고리(바느질~), 섣부르다(설~), 잗다랗다(잘~), 푿소(풀~), 잗갈다(잘고 곱게 갈다), 잗젊다(나이에 비하여 젊다) 따위.

- [꼬체 나비가 안자 읻따] 【쓰기】 꽃에 나비가 앉아 있다.
- [부어케 가서 물 좀 가저올래] 【쓰기】 부엌에 가서 물 좀 가져올래?
- [이피 널븐 플라타너스] 【쓰기】 잎이 넓은 플라타너스
- [늘근 개미가 점잔케 마알핻씀니다] 【쓰기】 늙은 개미가 점잖게 말했습니다.
- [기름진 땅을 차자 마으를 옴겨 갇씀니다] 【쓰기】 기름진 땅을 찾아 마을을 옮겨 갔습니다.
- [아마 행보칼 꺼야] 【쓰기】 아마 행복할 거야.(←'거야'는 '것이야'의 준말)
- [책짱에 채기 반드시 꼬처 이씀니다] 【쓰기】 책장에 책이 반듯이 꽂혀 있습니다.[←꽂히다←꽂다]
- [나라니 수욷짜를 세며 거럳따] 【쓰기】 나란히 숫자를 세며 걸었다.
- [엳까라글 기일게 느리다] 【쓰기】 엿가락을 길게 늘이다.
- [비가 와서 우사늘 바침니다] 【쓰기】 비가 와서 우산을 받칩니다.
- [땅쏘그로 뚤린 구으른 아느칸 방으로 연결되얻따] 【쓰기】 땅속으로 뚫린 굴은 아늑한 방으로 연결되었다.
- [저녀그로 주먹빠블 먹꼬 나서 바끄로 나갇따] 【쓰기】 저녁으로 주먹밥을 먹고 나서 밖으로 나갔다.
- [제 이르믈 어떠케 아세요] 【쓰기】 제 이름을 어떻게 아세요?

- ◎ [이 정워는 내 꺼야] 【쓰기】 이 정원은 내 거야.
- ◎ [쇠부치를 멍는 불가사리] 【쓰기】 쇠붙이를 먹는 불가사리
- ◎ [마신는/마딘는 팓쭉 한 그륻] 【쓰기】 맛있는 팥죽 한 그릇
- ◎ [마튼 여칼] 【쓰기】 맡은 역할
- ◎ [사슴벌레는 나묻찌늘 할타머꼬 사라요] 【쓰기】 사슴벌레는 나뭇진을 핥아먹고 살아요.
- ◎ [단다난 껍떼기 소오게는 얄븐 속 날개가 이찌요] 【쓰기】 단단한 껍데기 속에는 얇은 속 날개가 있지요.
- ◎ [혀가 달토록 마알해도 듣찌 안는다] 【쓰기】 혀가 닳도록 말해도 듣지 않는다.
- ◎ [누우니 마아니 내려 누늘 뜰 쑤가 어업씀니다] 【쓰기】 눈이 많이 내려 눈을 뜰 수가 없습니다.[35]

---

[35] 소리의 길이가 길고 짧음에 따라 뜻이 달라지는 말이 있다. 밖에 내리는 '눈:'은 긴 발음이고 사람의 감각 기관인 '눈'은 짧은 발음이다. ※ 더 읽을거리 '소리의 길이' 보기.

둘째
마당

문장 쓰기

생각을 문장으로 표현하기

문장의 짜임

어떤 생각이나 느낌을 글로 나타내고 문장 부호를 붙인 것을 문장(文章, sentence)이라고 한다. 말하고자 하는 뜻을 온전하게 담아 끝맺어야 문장이 된다.

문장은 낱말이 모여 이루어진다.[36] 낱말들은 문장의 짜임에 맞게 제자리에 놓여야 한다. 예를 들면 '꽃, 예쁘다, 이'라는 세 개의 낱말을 질서 있게 맞추면 '꽃이 예쁘다.'가 되는 것이다.[37]

문장은 '누가/무엇이 + 무엇이다', '누가/무엇이 + 어찌하다', '무엇

---

[36] "안녕?", "불이야!", "정말?"처럼 한 개의 낱말이 하나의 문장을 이룰 때도 있다.

[37] 언어 단위: 음운 → 음절 → 형태소 → 낱말(단어, 문장에서 자립할 수 있는 말) → 어절(성분) → 문장 → 글/문단(단락)
문장의 의미는 그것을 구성하는 낱말들이 결합하는 통사 규칙(문장 구조)에 의하여 결정된다. 쓸 때에 낱말의 선택과 호응 관계, 높임법, 시제 등 문맥(문장에 표현된 의미의 앞뒤 연결)은 물론 상황에 맞아야 한다.

이 + 어떠하다'와 같은 꼴로 만들어진다.

문장을 구성하고 있는 말의 마디, 곧 띄어 쓴 한 토막을 '어절(語節)'이라고 한다.[38] '꽃이 예쁘다.'는 2어절로 이루어진 문장이다. 어절을 '문장 성분[39]'이라고 한다. '꽃이'는 주어, '예쁘다'는 서술어다. 주격 조사 '이'는 '꽃'과 '예쁘다' 사이에서 문장의 주인임을 알 수 있게 하므로 '꽃'에 붙여 쓴다.[40]

주어(主語, 임자말)는 문장에서 주체(주인)를 나타낸다. '누가/무엇이'에 해당한다. 서술어(敍述語, 풀이말)는 주어의 움직임이나 상태, 성질 따위를 풀이하는 말이다. '무엇[41]이다/어찌하다(동사)/어떠하다(형용사)'에 해당하는 것이 서술어다.

문장 성분을 배열하는 순서가 있다. 이것을 어순(語順)이라고 한

---

[38] 띄어쓰기를 하지 않은 문장은 읽고 뜻을 파악하기에 어려움이 있다. 그러므로 모든 낱말은 띄어 쓰되, 조사는 앞말에 붙여 쓰고 어미는 어간에 붙인다. '예쁜 꽃', '아는 것이 힘이다.', '나도 할 수 있어요.'에서 '예쁜, 아는, 할', '꽃, 것, 수(방법이나 가능성)'와 같이 꾸며주는 말과 꾸밈을 받는 말은 띄어 쓴다.

[39] 문장 성분: 문장에서 어느 어절이 다른 어절이나 단어에 대해 갖는 관계. 문장을 이루는 요소. 모든 낱말은 문장 성분의 기본 재료가 된다. 다만, 조사는 체언에 붙어 여러 문장 성분의 구실을 한다. 주성분(문장을 이루는 데 꼭 필요한 뼈대)에는 주어·서술어·목적어·보어, 부속 성분(주성분을 자세히 꾸밈)에는 관형어·부사어, 독립 성분에는 독립어(부름, 감탄, 응답 등)가 있다.

[40] 각 낱말은 띄어 써야 하지만, 조사는 낱말일지라도 홀로 쓰일 수 없고 다른 말에 기대어 쓰이므로 그 앞말에 붙여 쓴다.

[41] '무엇'에 해당하는 낱말은 명사(사람이나 사물의 이름), 대명사(명사를 대신하여 쓰이는 낱말), 수사(사물의 수량이나 순서를 나타내는 말)다. 이들을 묶어 '체언(體言, 조사의 도움을 받아 주어의 구실을 하는 말)'이라고 한다. 체언은 변하지 않지만, 서술격 조사 '이다'와 함께 쓰여 서술어를 만들기도 한다.

다. 우리말은 '주어(누가) + 목적어(무엇을) + 서술어(하였다)'로 이루어진다. 예를 들면 '이것이 책상이다. 꽃이 아름답다. 인수가 책을 읽었습니다. 나는 자전거를 탑니다. 동생은 밥을 먹는다.'에서 '이것이, 꽃이, 인수가, 나는, 동생은'은 '누가/무엇이'에 들어맞는 말로 주어다. '누구를/무엇을'에 해당하는 '책을, 자전거를, 밥을'을 목적어(目的語)라고 한다. 목적어는 서술어의 동작 대상이 되는 문장 성분이다. 서술어는 '책상이다, 아름답다, 읽었습니다, 탑니다, 먹는다'와 같이 '무엇이다, 어떠하다, 어찌하다'에 해당하는 말이다.

우리말에는 조사와 어미가 매우 발달해 있다. 조사(助詞, 토씨)는 체언(명사, 대명사, 수사 등 활용되지 않는 말) 뒤에 붙어 다른 말과의 문법적인 관계를 나타내는 구실을 한다. 어미(語尾, 활용될 때 바뀌는 꼬리 부분)는 용언[42]의 어간(語幹, 활용될 때 바뀌지 않는 줄기 부분)에 붙어 쓰임에 따라 여러 가지로 꼴바꿈(활용)을 한다. 이들은 앞의 낱말에 붙어서 한 어절을 이룬다.

이를테면 '이것', '꽃', '인수', '나', '동생'에 붙은 '이/가(는/은)[43]'은

---

[42] 용언(用言, 문장에서 주어를 서술하는 기능을 하는 동사·형용사)은 어간과 어미로 나뉜다. 어간은 기본형에서 '-다'를 뺀 부분으로 원칙적으로 변하지 않는다. 어미는 기본형의 '-다'가 변한 부분으로 다양한 형태를 갖는다. 예를 들면, 기본형 '가다'가 '가고, 가니, 가면, 가ㄴ다'처럼 어미가 변화하므로 이를 활용(活用)이라고 한다.

[43] '이/가(께서)'는 주격 조사이고, '는/은'은 보조사다. 보조사는 어떤 뜻을 더해주는 구실을 한다. 예를 들면 '취미는 음악 감상입니다; 밥은 먹었다.[대조·강조; 다른 것은 먹지/하지 않았다.], 밥도 먹었다.[역동; 밥분만 아니라 다른 것도 먹었다.], 밥만 먹었다.[단독; 밥 먹고 다른 것은 아무것도 먹지 않았다.]'라는 의미의 차이를 보인다.

서술어와의 관계에서 주인공임을 나타내는 조사다. 받침이 있는 낱말 뒤에는 '이/은(이것이, 꽃이; 동생은)', 받침이 없을 때는 '가/는(인수가; 나는)'을 쓴다. '을/를'은 목적격 조사인데, 낱말 끝 음절에 받침이 있으면 '을(책을, 밥을)', 받침이 없을 때는 '를(자전거를, 축구를)'을 쓴다. '책상이다; 아름답다, 읽었습니다, 탑니다, 먹는다'는 서술격 조사 '이다'와 기본형[44] '아름답(다), 읽(다), 타(다), 먹(다)'의 형태가 바뀌지 않는 어간에 종결어미 '-다, -ㅂ니다/-습니다,[45] -는다[46]'가 붙어 꼴바꿈한 것이다.

---

[44] '기본형'이란? 동사(움직씨)나 형용사(그림씨)의 기본 형태로 '먹-(다), 높-(다), 아프-(다)' 따위의 어간에 '-다'가 붙은 꼴이다.
※ 국어사전에 실린 표제어(올림말)에는 동사나 형용사의 기본형만 나오고 활용형은 나오지 않는다.

[45] '-ㅂ니다'는 모음으로 끝나는 어간이나 서술격 조사 '-이(다)'에 붙어, 공손하게 설명하여 알리는 문장 끝에 쓰이는 어미. 받침 있는 어간에는 '-습니다'가 쓰인다. 예) 갑니다, 미안합니다, 학생입니다; 먹습니다, 있습니다, 좋습니다, 왔습니다 따위.

[46] '-는다'는 받침 있는 동사 뒤에, '-ㄴ다'는 받침 없는 동사와 /ㄹ/ 받침으로 끝난 동사 뒤에 쓰인다. 예) 먹-는다, 잡-는다, 가-ㄴ다(간다), 보-ㄴ다(본다), 살-는다(산다) 따위. 형용사 뒤에는 '-다'가 쓰인다. 예) 아름답다, 곱다, 예쁘다 따위.
※ 동사와 형용사의 어간에 현재 시제를 나타내는 '-는다/-ㄴ다'를 붙여 말이 되면 동사, 그렇지 않으면 형용사로 구별한다. 예) 피가 솟는다. 꽃이 아름답다(*아름답는다). '솟는다'는 동사, '아름답다'는 형용사다.

용언의 어미변화

낱말의 형태가 바뀌는 동사[47]와 형용사[48]의 어미변화[49]에 대하여 알아봅시다.

- ◎ (손을) 잡다. ⇨ 잡-고, 잡-아, 잡-으니, 잡-은; 잡-아요, 잡-습니다
- ◎ (종이를) 접다. ⇨ 접-고, 접-어, 접-으니, 접-은; 접-어요, 접-습니다
- ◎ (이웃을) 돕다. ⇨ 돕-고, 도와,[50] 도우니, 돕-는; 도와요. 돕-습니다
- ◎ (꽃이) 아름답다. ⇨ 아름답-고, 아름다워, 아름다우-니, 아름다운; 아름다워요, 아름답-습니다

---

47 사람이나 사물의 움직임을 나타내는 낱말을 '동사[움직일 동(動), 말씀 사(詞)]'라고 한다. '무엇이 어찌하다'에서 '어찌하다'에 들어가는 말이다.

48 사람이나 사물의 성질이나 상태를 나타내는 낱말을 '형용사[모양 형(形), 모양 용(容), 말씀 사(詞)]'라고 한다. '무엇이 어떠하다'에서 '어떠하다'에 해당하는 말이다.

49 어미변화: 용언(동사, 형용사)이나 서술격 조사 '이다'의 끝부분인 어미가 변하는 일. 용언의 어간에 어미가 결합하는 현상을 활용이라고 한다. 어간과 어미가 만날 때에 'ㅏ', 'ㅗ'는 'ㅏ', 'ㅗ'끼리, 'ㅓ, ㅜ, ㅡ, ㅣ'는 'ㅓ, ㅜ, ㅡ, ㅣ'끼리 어울린다.

50 어간의 받침 'ㅂ'이 모음으로 시작되는 어미 앞에서 '오/우'로 변한다. '돕다'와 '곱다'는 활용하면 '도와[←돕(다)-아], 고와[←곱(다)-아]'로 바뀐다. 그밖에 '굽다, 맵다, 눕다, 줍다, 밉다, 아름답다, 고맙다, 가깝다, 즐겁다'는 '구워, 매워, 누워, 주워, 미워, 아름다워, 고마워, 가까워, 즐거워'가 된다.

◎ (물이) 흐르다. ⇨ 흐르-고, 흐르-지, 흘러, 흐르-니, 흐르-는; 흘러갑니다
◎ (하늘이) 높다. ⇨ 높-고, 높-아, 높-으니, 높-은; 높-아요, 높-습니다

※ 여기에서 '잡다, 접다. 높다'는 어간이 변하지 않으므로 '규칙 활용'이라고 한다. '돕다, 아름답다, 흐르다'는 어미와 결합할 때 어간 받침 'ㅂ'이 '오/우', '흐르-'가 '흘-'로 각각 바뀌는 경우가 있으므로 '불규칙 활용'이라고 한다. 동사와 형용사의 활용(어미변화)에 대한 공부는 학년이 올라가면서 좀 더 자세하게 배우게 될 것이다.

≪ 익힘 문제 ≫

※ 문장에 알맞은 조사를 골라봅시다.
1. 두더지(이, 가) 땅을 파요.
2. 동생(이, 가) 그림을 그려요.
3. 나(는, 은) 도서관에 가요.
4. 산(이, 가) 높고 물(은, 는) 깊어요.
5. 선생님께 인사(을, 를) 해요.
6. 아빠는 신문(을, 를) 읽어요.
7. 베짱이가 노래(을, 를) 부르고 개미는 일(을, 를) 해요.
8. 아버지(는, 은) 모자를 씁니다.

9. 발로 공(을, 를) 찹니다.

10. 문어(가, 이) 먹물(을, 를) 뿜습니다.

정답

1. 가 **2.** 이 **3.** 는 **4.** 이, 은 **5.** 를 **6.** 을 **7.** 를, 을 **8.** 는 **9.** 을 **10.** 가, 을

자신의 생각을 '문장의 짜임새'에 맞게 표현해 봅시다. 본 것 또는 겪은 일이나 장면(어떤 곳에서 벌어진 모습)을 떠올리며 문장을 만들어 봅니다.

1형식 누가/무엇이 + 무엇이다(체언+서술격 조사 '이다')[51]

이것이 책이다.

그는 학생이다.

이름이 홍길동입니다.

2형식 누가/무엇이 + 어찌하다(움직임, 동사)/어떠하다(성질이나 상태, 형용사)

바람이 분다.

---

[51] 서술격 조사 '이다'는 체언에 붙어 서술어가 되게 하는 조사를 말한다. ※ 더 읽을거리 "서술격 조사 '이다'" 보기.

꽃이 피었다.

해가 떴습니다.

내가 이겼습니다.

이가 아파요.

콩쥐가 울고 있어요.

민들레꽃이 아름답다.

하늘이 파랗다.

운동장이 넓어요.

3형식 누가 + (누구에게/어디서) + 누구를/무엇을 + 어찌하다

곰이 잠을 잡니다.

강아지가 나를 보고 반가워합니다.

나는 동화책을 읽습니다.

자라가 토끼를 만납니다.

거북이가 잠을 자고 있어요.

어머니께서 달걀을 삶아주셨습니다.

내가 동생에게 공을 굴립니다.

자라가 토끼에게 인사를 합니다.

나는 친구에게 선물을 주었습니다.

나무꾼이 산에서 호랑이를 만났어요.

꾸며주는 말과
꾸밈을 받는 말

 문장에서 뒤에 오는 말을 꾸며주어 그 뜻을 자세하게 해주는 말을 '꾸며주는 말'이라고 한다. 겪은 일이나 생각한 것을 자세히 쓸 때에 꾸며주는 말을 사용한다. 예를 들면, '착한 사람. 아름다운 꽃. 토끼는 빨리 뜁니다. 나는 산길을 터벅터벅 걸어갔다.'에서 '착한'은 '사람', '아름다운'은 '꽃', '빨리'는 '뜁니다', '터벅터벅'은 '걸어갔다'를 꾸며준다. 관형어인 '착한, 아름다운'은 체언을 꾸미고 부사어 '빨리, 터벅터벅'은 서술어를 꾸민다.

 꾸며주는 말을 잘 부려 쓰면, 자신의 생각을 정확하게 나타낼 수 있다. 그리고 눈에 보이듯 또렷하게 표현할 수 있다. 느낌을 실감 나게, 생각에 따라 다양하게 골라 쓸 수 있다.

| **낱말 풀이**   – 꾸미다: 모양이 나게 만들다.
– 실감 나다: 실제로 있는 듯한 느낌이 들다.
– 다양하다: 종류가 여러 가지로 많다.

≪ 익힘 문제 ≫

※ 다음 글을 서로 비교해 봅시다.

1. 오늘 아침에 비가 내렸다. 나는 장화를 신고 학교에 갔다. 우산을 돌리니 빗방울이 떨어졌다.
2. 오늘 아침에 비가 주룩주룩 내렸다. 나는 노란 장화를 신고 학교에 갔다. 우산을 돌리니 굵은 빗방울이 후드득 떨어졌다.

☞ 1과 2의 차이점은 무엇인가? 꾸며주는 말을 쓴 2는 1보다 자신의 생각을 또렷하고 생생하게 표현하였다.

다음 문장에서 괄호 안은 꾸며주는 말이다. 꾸밈 받는 말을 찾아 봅시다.

◎ 꽃이 피었습니다. ⇒ (아름다운) 꽃이 (활짝) 피었습니다.
◎ 나는 빵을 먹었습니다. ⇒ 나는 (구운) 빵을 (맛있게) 먹었습니다.
◎ 나비가 날아갑니다. ⇒ (예쁜) 나비가 (훨훨) 날아갑니다.
◎ 나무가 자랍니다. ⇒ (푸른) 나무가 (무럭무럭) 자랍니다.
◎ 사과가 열렸습니다. ⇒ (맛있는) 사과가 (주렁주렁) 열렸습니다.
◎ 바람이 붑니다. ⇒ (강한) 바람이 (갑자기) 붑니다.
◎ 햇볕이 내리쬐었습니다. ⇒ 햇볕이 (쨍쨍) 내리쬐었습니다.

◎ 하늘에 구름이 떠 있습니다. ⇒ (파란) 하늘에 구름이 (둥실둥실) 떠 있습니다.

◎ 나는 책을 읽었다. ⇒ 나는 (재미있는) 책을 (도서관에서) 읽었다.

◎ 하늘이 파랗다. 하늘이 높다. ⇒ (파란) 하늘이 높습니다.

◎ 꽃이 예쁘다. 꽃이 피었다. ⇒ (예쁜) 꽃이 피었다.

※ '예쁜 나비가 훨훨 날아갑니다.'에서 '예쁜'이나 '훨훨'은 '나비', '날아갑니다'의 뜻을 자세하게 해주는 말이다. 체언(명사, 대명사, 수사)을 꾸며주는 '관형어'와 용언(동사, 형용사)을 꾸며주는 '부사어'는 뒷말의 뜻을 더 분명하게 만들어준다. 위의 문장에서 '꽃, 빵, 나비, 나무, 바람'을 꾸미는 '아름다운, 구운, 예쁜, 푸른, 강한'은 '어떠한/무슨'에 해당하는 관형어다. '어떠한 꽃이냐? 아름다운 꽃이다. 어떠한 빵이냐? 구운 빵이다. 어떠한 나비냐? 예쁜 나비다. 어떤 나무냐? 푸른 나무다. 어떠한 바람이냐? 강한 바람이다.'에서 기본형 '아름답(다), 굽(다), 예쁘(다), 푸르(다), 강하(다)'의 어간에 어미 '-(으)ㄴ/는'[52]이 붙어 관형어로 바뀐 것이다. 서술어(동사·형용사)를 꾸며주는 '활짝, 맛있게, 훨훨, 무럭무럭, 갑자기, 도서관에서'는 '어떻게/어디에서'에 해당하므로 부사어라고 한다.

---

[52] '-(으)ㄴ/-는'은 관형사형 어미다. '-ㄴ'은 받침 없는 형용사나 'ㄹ' 받침으로 끝나는 형용사와 '이다' 뒤에 쓰인다(예쁘다/예쁜, 길다/긴, 학생이다/학생인). '-은'은 '작다/작은, 짧다/짧은'에서와 같이 받침 있는 형용사 뒤에 쓰이고, '-는'은 동사와 '있다/없다' 뒤에만 쓰인다(가다/가는, 먹다/먹는, 있다/있는, 없다/없는 따위).

문장 부호

문장 부호란 문장을 구별해 읽고 뜻을 알아보기 쉽게 하려고 나타내는 여러 기호를 말한다. 이들은 글을 보다 읽기 편하게 만드는 중요한 구실을 하기 때문에 정확하게 사용해야 한다.

문장 부호의 이름에는 마침표/온점[.], 쉼표(반점)[,], 물음표[?], 느낌표[!], 작은따옴표[' '], 큰따옴표[" "], 줄임표[……] 들이 있다.

◎ 마침표/온점[.] - 풀이하는 문장의 끝에서 문장의 마침을 나타낼 때 쓴다.[53] 예) 꽃이 피었다.

◎ 쉼표[,] - 부르는 말이나 대답하는 말 뒤에 쓴다.[54] 예) 민수야, 잘 지냈니? 은정아, 같이 가.

---

[53] 다만, 글의 제목(표제어)이나 표어에는 문장 부호를 사용하지 않는다. 예) 압록강은 흐른다(표제어) 꺼진 불도 다시 보자(표어)

[54] 여러 가지를 늘어놓을 때 또는 부르는 말이나 대답하는 말 뒤에도 쓴다. 예) 사과, 배, 감, 대추 따위를 과일이라고 한다. "여러분, 모두 여기를 보세요.", "예, 알겠습니다."

◎ 물음표[?] - 의심이나 궁금한 것을 물어볼 때 쓴다. 예) 안녕하세요? 어머님은 잘 계시냐?

◎ 느낌표[!] - 감탄하는 말이나 놀람, 부르짖음, 명령 등 강한 느낌을 나타내는 문장의 끝에 쓴다. 예) 참 예쁘다! 정말 멋있구나!

◎ 작은따옴표[' '] - 생각이나 마음속으로 한 말을 적을 때 쓴다. 문장에서 특정한 낱말을 강조할 때도 쓴다. 예) '어떤 마술을 보여줄까?', '어디 두고 보자.', 빨간 구두는 '요것은 못 해보았겠지.' 하는 표정이었습니다. 참새네는 말이라는 게 '짹'뿐이야.

◎ 큰따옴표[" "] - 인물이 소리 내어 한 말(대화)을 적을 때 쓴다. 예) "여러분, 모두 여기를 보세요."

◎ 줄임표[……] - 할 말을 줄이거나 말이 없음을 나타낼 때 쓴다. 예) "어디 나하고 한번……." 하고 철수가 나섰다. "빨리 말해!" "……."

문장 부호를 이해했는지 다음 문장을 보며 확인해 봅시다.

나무꾼이 산에서 호랑이를 만났어요.
"형님, 여기 계셨군요."
"어머님은 잘 계시냐?"
"네, 형님께서 사냥해 주신 고기를 드시고 건강해지셨어요."
"잘되었구나!"

"영수야, 안녕?"

"아, 유진이구나?"

"어디 가니?"

"문방구에 준비물 사러 가."

"나도 문방구 가는데, 같이 가자."

"좋아!"

흉내 내는 말

흉내말 표현하기

우리말에는 흉내 내는 말이 아주 많다. 남이 하는 말이나 행동을 그대로 옮겨 하는 짓을 흉내(시늉)라고 한다. 흉내 내는 말은 사람이나 짐승, 사물의 소리나 모양, 움직임을 나타내는 말을 가리킨다.

이들은 소리와 의미(뜻)의 관계가 뚜렷하게 여겨지므로 '음성 상징어'라 하는데 의성어와 의태어로 나뉜다. 소리를 흉내 내는 말(의성어)에는 '꼬끼오, 음매, 딸랑딸랑'이 있고, 모양이나 움직임을 흉내 내는 말(의태어)에는 '울긋불긋, 살금살금, 엉금엉금' 따위가 있다.

문장에서 흉내말은 서술어(주어의 움직임, 상태, 성질 따위를 나타내는 말)를 꾸미어 그 뜻을 자세하게 해준다.

'졸졸~줄줄', '찰랑찰랑~출렁출렁', '퐁당~풍덩', '알록달록~얼룩덜

룩'과 같이 흉내 내는 말에 모음 조화[55] 현상이 두드러지게 나타난다.

시(동시)와 이야기(동화)에서 흉내말을 넣으면 등장인물의 소리나 몸짓을 리듬감과 생동감 있게 나타낼 수 있다. 친구와 말을 할 때도 흉내말을 쓰면 좀 더 재미있고 실감 나게(실제로 자기가 겪는 듯한 느낌이 들게) 장면을 표현할 수 있다.

소리흉내말을 실감 나게 읽어봅시다.

◎ 아기가 앙앙 웁니다.

◎ 문을 똑똑 두드립니다.

◎ 동생이 방귀를 뽕뽕 뀝니다.

◎ 강아지가 멍멍 짖습니다.

모양흉내말을 실감 나게 읽어봅시다.

◎ 달이 두둥실 떠 있습니다.

◎ 별이 반짝반짝 빛납니다.

◎ 호랑이가 납작 엎드립니다.

◎ 도둑이 살금살금 기어 옵니다.

---

[55] 양성 모음 'ㅏ, ㅗ'는 'ㅏ, ㅗ'끼리, 음성 모음 'ㅓ, ㅜ, ㅡ, ㅣ'는 'ㅓ, ㅜ, ㅡ, ㅣ'끼리 어울린다. 이를 '모음 조화'라고 한다. 양성 모음은 느낌이 밝고 작으며, 음성 모음은 느낌이 어둡거나 둔하거나 크다. 예를 들면, '퐁당'은 작고 가벼운 물건이 물에 빠지는 느낌이 나고, '풍덩'은 크고 무거운 물건이 물에 빠지는 느낌이 난다. 다만, 음성 모음으로 바뀌어 굳어진 낱말인 '깡충깡충, 오뚝오뚝/오뚝이'와 '고마워, 괴로워, 아름다워' 등에서는 모음 조화를 인정하지 않는다.

셋째
마당

글쓰기와 읽기

글쓰기와 글을 읽고
내용 파악하기

인간은 언어와 더불어 살아간다. 언어를 사용하면서 비로소 생각하는 사람이 되었다. 우리는 말과 글을 통해 느끼고 생각하고 상상하고 표현을 한다. 사회생활을 하며 다른 사람의 생각을 받아들이고, 내 생각을 전달하기 위하여 이해력과 표현력을 기른다. 책 읽기와 글쓰기로 언어생활을 넓혀가기도 한다.

읽기와 글쓰기는 먼저 한글의 자음자와 모음자를 깨친 다음, 음절과 낱말 그리고 표현의 기본 단위인 문장에 대하여 공부하고 문단을 익히는 걸음마 단계에서 시작된다.

쓰는 힘과 읽는 힘은 서로 깊은 관련을 맺는다. 남의 글을 정확하게 잘 읽을 줄 알면 그것이 바탕이 되어 잘 쓸 수 있다는 말이다.

이제부터 우리는 앞에서 배운 내용을 바탕으로 하여 단락(문단) 쓰기, 글의 짜임, 여러 종류의 글의 특징과 독해(讀解, 글을 읽어 뜻을 이해함) 방법에 대하여 알아본다. 아울러 바르게 띄어 쓰고 읽기, 상황이나 장면에 따른 표현, 시와 이야기 작품 감상, 겪은 일과 편지 쓰기에 대하여 공부할 것이다.

글이란, 쓰는 사람이 자기 생각이나 느낌 또는 일 따위의 내용을 하나 이상의 문장으로 앞뒤가 맞고 짜임새 있게 써놓은 것을 말한다. 간단히 말해 '다듬어진 생각'이 글이다.

글을 쓰는 사람은 자기의 생각을 진솔하고 분명하게 표현해야 한다. 읽는 이에게 내용을 잘 전달하기 위하여 낱말 하나하나[56]와 문장부호에 이르기까지 신경을 써야 할 책임이 있다.

글쓰기를 하면 어떤 이로움이 있는가? 사고력과 언어 능력 발달에 도움을 준다. 논리적으로 깊이 생각하는 힘을 기를 수 있다. 그리고 자기의 생각을 간결하게 정리하여 그것을 쉽고 정확하게 나타내는 능력을 키울 수 있다. 나아가 사회생활을 하는 데 중요한 수단이 된다. 생각을 글로 표현하는 기술은 아이가 자라서도 공동체 이익에 이바지하는 사회적 선의 실현에 함께할 수 있는 지적 재산이다.[57]

그런데 국어 교과에서 다루는 말하기, 듣기, 쓰기, 읽기 가운데 아이들이 가장 힘들어하는 영역이 '쓰기'다. 아이의 발달 단계와 지적 수준에 맞게 적절한 지도가 이루어져야 할 것이다. 저학년 때는 하나

---

[56] 19세기 프랑스 작가 귀스타브 플로베르는 '일물일어설(一物一語說)'을 주장하였다. 하나의 사물이나 상황에 들어맞는 단어는 딱 하나뿐이라는 뜻이다. 비슷한 뜻이라도 낱말이 주는 느낌이 조금씩 다른 만큼 명확하게 구분해 써야 한다.

[57] 쓰기 활동은 공동체 발전에 이바지하는 등 긍정적인 면이 있지만, 이성보다 감정에 치우친 편견으로 거짓 정보를 퍼뜨려 다른 사람의 권리를 침해하는 부정적인 영향을 미칠 우려도 있다. 그러므로 책임감 있게 글을 써야 한다.

의 문장 수준에서 출발하여 까닭이나 이유를 들어 자기의 생각을 분명하게 말할 수 있는 정도다. 중학년에서는 여러 문장으로 생각이나 주장을 타당한 근거를 바탕으로 하여 펼칠 수 있게 한다. 고학년은 문단과 문단을 결합하여 논리적으로 주장할 수 있는 수준의 글을 쓸 수 있도록 하는 것이 학습의 목표다.

글쓰기 훈련의 중요성

학교 수업에 적극적으로 참여하는 것이 무엇보다 중요하다. 모르는 것을 선생님께 질문하고 발문(發問)에 대답하는 일이나 배운 내용을 이해하고 간추리는 일련의 과정들이 글쓰기를 위한 기초 준비라고 할 수 있다.

글을 잘 쓰려면 책을 많이 읽고 많이 생각하고 많이 써보아야 한다. 평소에 생각을 논리적으로 하는 노력이 필요하다. 뭐니 뭐니 해도 글 잘 쓰는 비결은 독서다. 탄탄한 문장력을 갖추려면 좋은 글을 깊이 있게 생각하며 읽을 줄 알아야 한다. 글쓴이가 전하는 내용을 따져가며 자세히 읽으라는 뜻이다. 잘 읽어야 잘 쓸 수 있는 요령이 생긴다. 다시 말해 '쓰기 과정'의 역순이 '읽기 과정'과 관련이 있다는 말이다.

그러나 그것만으로 충분하지 않다. 직접 써보지 않으면 글 쓰는 실력은 결코 늘지 않는다. 글쓰기를 너무 두려워하지 말아야 한다. 읽는 이의 흥미를 끌 수 있고 자기가 잘 알고 있는 글감을 골라 메모를 하거나 낙서하듯이 거칠고 불완전하게라도 부담 없이 써보아야 한다.

글을 쓰면서 표현이 자연스럽지 않고 내용이 구체적이지 않더라도 일단 써 내려간다. 맞춤법이 틀려도 괜찮다. 쓰고 난 다음에 소리 내어 읽어가며 부적절하거나 모자라는 부분을 보태고 고치면 그만이다. 원고는 고칠수록 점점 더 글이 좋아진다. 시간을 두고 다듬는 과정을 거쳐야 보다 나은 글이 되는 것이다.

누구에게나 글 쓰는 일은 엄청나게 스트레스를 받을 만한 고통으로 다가온다. 그렇지만 '시작이 반이다.'라는 말이 있다. 무슨 일이든지 준비 과정이 번거롭지 한번 손을 대면 끝마치기는 그리 어렵지 않다는 뜻이다.

잘 써야겠다는 부담감을 떨쳐버리고 용기를 내어 선택한 글감을 뚫어지게 들여다보면 생각이 떠오를 것이다. 누가, 언제, 어디서, 무엇을, 어떻게, 왜에 따라 글을 써보게 하거나, 보고 겪은 일을 앞에 써 내려가다가 마지막에 자기의 생각이나 의견을 말하게 하라. 그리고 첫 번째 문장은 짧으면서도 읽을 사람의 관심을 끌어당기는 문장으로 하는 것이 좋다. 이런 과정을 거쳐 쓴 글은 무릎을 맞대고 선생님의 평가(글의 구성과 문장 표현, 그리고 문법 오류 등)를 받은 뒤에 다시 고쳐 쓰기를 계속하면서 문장력을 끌어올리는 것이 글쓰기의 효과적인 방법이다.

선생님은 자기 이야기 하기를 좋아하는 아이들에게 쓰는 방법을 차근차근 일러주어 두려움을 없애고 자신감을 갖고 쓸 수 있도록 용기를 북돋아 주어야 한다.

나의 생각이나 느낌을 표현하려면 한 개의 문장보다 여러 개의 연결된 문장(이야기, 문장 이상의 문법 단위)으로 쓰는 것이 좋다. 왜냐하면 사실이나 의견, 주장, 이야기 장면을 자세하게 표현해 낼 수 있기 때문이다.

'사실'이란 하거나 본 일, 들은 것과 같이 실제로 있었던 일이나 현재에 있는 일을 말한다. '의견'은 어떤 대상이나 일(사실)에 대한 글쓴이의 생각을 뜻한다. 그리고 '주장'은 자기의 의견을 굳게 내세우는 것이다.

이야기를 구성하는 요소에는 '말하는 이와 듣는 이, 내용, 장면'이 있다. 이들을 포함하는 문장끼리 자연스럽게 이어지면 일정한 줄거리와 통일된 주제가 있는 '한 편의 글'이 완성된다.

| **낱말 풀이**
  - 진솔(眞率)하다: 진실하고 솔직하다.
  - 논리적(論理的): 말이나 글에서 생각을 앞뒤에 맞게 이끌어가는 것.
  - 표현: 의견이나 감정 따위를 드러내어 나타냄.
  - 공동체: 생활이나 행동 또는 목적 따위를 같이하는 무리(집단).
  - 비결(祕訣): 자기만의 뛰어난 방법.
  - 요령: 일을 하는 데 꼭 필요한 묘한 이치.
  - 역순(逆順): 거꾸로 된 순서.
  - 적극적: 대상에 대한 태도가 긍정적이고 능동적인 것. ↔ 소극적
  - 이야기 장면: 이야기가 펼쳐지는 때와 곳(장소).

글쓰기 전략

　글쓰기는 흐트러진 생각을 논리적으로 정리하여 표현하는 기술이다. 글쓰기가 생각을 이끌어낸다. 생각은 글 쓰는 힘의 본바탕이다. 이처럼 글쓰기와 사고(思考, 질서 있는 생각)는 서로 뗄 수 없는 관계다.

　무엇에 대해서 쓸 것인가를 정하고 계획을 세워 준비를 한 다음 쓰기를 시작한다. 모든 일에 절차가 있듯이 글쓰기에도 순서가 있다. 글쓰기는 음식을 만드는 과정과 같다고 할 수 있다. 요리사가 어떤 음식을 만들까를 먼저 생각하고 재료를 구하여 순서대로 요리를 하는 방법과 크게 다르지 않다. 여기에서 음식의 종류는 주제가 되고 음식을 만드는 재료는 글감에 해당한다. 글감은 글을 쓰는 데 필요한 재료다. 소재(素材)라고도 한다. 주제를 뒷받침할 수 있는 본 것, 말하거나 들은 것, 한 일, 생각하거나 느낀 것, 자기 마음을 반성하고 살핀 것들이 글감이 된다.

　주제는 글쓴이가 말하고자 하는 생각, 또는 한 편의 글이나 단락 속에 담긴 중심 내용을 일컫는다. 그러면 주제는 어떻게 나타내야 하는가. 자신이 드러내려는 내용을 한 문장으로 확실하고 짧게 요점만 말할 수 있어야 한다. '교실의 쓰레기는 쓰레기통에 버립시다.', '친구 사이에 거짓말을 하지 말자.'와 같이 범위가 넓지 않고 구체적이며 분명해야 한다. 그래야 내용이 흐트러지지 않고 짜임새 있는 글을 쓸 수 있다. 한편으로 글을 쓰기에 앞서 읽을 사람을 생각해 보아야 한다.

'교실이 지저분하다.', '정직하지 못한 친구들이 있다.'처럼 이 글을 왜 썼는지 그 이유를 반드시 알고 있어야 한다.

단락 쓰기와 글의 전개 방식

글쓰기에서 기초적이며 가장 중요한 부분이 '단락 쓰기'다. 무엇을 단락(段落, paragraph)이라 하는가? 책을 펼치면 첫 줄 한 칸 '들여쓰기'로 줄 바꿈을 해놓은 부분이 단락이다. 상차림(한 편의 글)에서 밥, 국, 김치, 나물 등을 담은 그릇과 같이 한 가지 내용을 담아낸 그릇이 단락이다. 곧 하나의 중심 생각으로 묶일 수 있는 문장들의 집합인 '사고의 한 덩어리'를 가리킨다. 문단(文段)이라고도 한다. 단락과 문단은 같은 뜻으로 긴 글을 내용에 따라 나눌 때 짧은 이야기 토막을 일컫는 말이다. 요컨대 단락은 몇 개의 문장을 모아 중심 내용을 나타내는 것으로 글쓴이의 생각을 명확히 표현하는 데 꼭 필요하다.

대부분의 글은 여러 단락들로 짜인다. 긴 글에서 단락을 짓는 이유는 글을 시작하거나 단락과 단락의 경계를 눈으로 알아볼 수 있게 하기 위함이다. 결국에는 글을 쉽게 읽고 이해시키기 위해서다. 그러므로 글을 쓰려면 단락 구성을 잘해야 한다. 글쓰기의 기본은 단락이 무엇인지를 알고 그것을 바탕으로 짜임새 있게 글을 쓰는 일이다.

단락은 '완결된 생각의 단위'이므로 한 단락에는 한 가지 중심 내용만 들어가야 한다. 1단락 1사고(思考)가 글쓰기의 원칙이다. 하나의 단락에 글감은 여러 개 있을 수 있지만 글쓴이가 표현하려는 주제는 딱 하나여야 한다는 말이다.

단락은 하나의 중심 문장(주제문[58])과 그와 관련된 뒷받침 문장들로 이루어진다. 그리고 뒷받침 문장은 중심 문장을 도와주고 설명하는 논거(논리적인 근거)와 예시(예를 들어 보임)를 구체적이고 상세하게 담고 있어야 한다.[59]

단락 구성은 중심 문장의 위치를 단락의 앞부분[머리, 頭(두)]에 둘 것인가, 뒷부분[꼬리, 尾(미)]에 둘 것인가에 따라 두괄식(중심 문장 - 뒷받침 문장)과 미괄식(뒷받침 문장 - 중심 문장)으로 갈린다.

긴 글의 구성에서 단락 안의 문장과 문장 또는 문단과 문단 간의 관계는 그 연결이 긴밀하게, 물 흐르듯 자연스럽게 일정한 자리에 놓여야 한다. 문맥이 매끄럽지 않으면 좋은 글로 평가받기 어렵다. 문단은 '사실+의견, 원인+결과, 주장+근거' 따위로 구성한다.[60]

한 편의 긴 글은 전개 방식과 구성이 일반적으로 '처음[起(기), 일어서고] - 가운데[敍(서), 펼쳐서] - 끝[結(결), 끝맺음]'이나 '기(起) - 승

---

[58] 주제문은 글을 쓴 목적이나 주장을 가장 잘 드러내는 중심 문장을 말한다. 주제문은 구체적이고 명확해야 하며 주어와 서술어를 갖추어야 한다. 원칙적으로 의문문이나 부정문 형태가 아니며, 또한 비유적으로 쓰지 않는다.

[59] 여러 개의 단락으로 된 긴 글도 중심 단락과 보조 단락으로 나뉘므로 이들의 관계를 알면 내용 파악에 도움이 된다.

[60] 단락 구성의 원리로는 통일성, 일관성, 완결성, 강조성이 있다. 통일성이란 중심 문장(주제문)을 나머지 문장들이 뒷받침하게 하는 것을 말한다. 뒷받침 문장들은 하나의 중심 생각을 드러내기에 충분할 만큼 논리적으로 생각을 일관되게 완결시킬 수 있어야 한다.(일관성, 완결성) 뒷받침 문장에서 주제를 더 상세히 설명하거나 구체적인 근거를 들어야 한다는 뜻이다. 강조성이란 단락의 핵심 내용을 두드러지게 나타내는 것이다.

(承) - 전(轉) - 결(結)' 3~4단으로 짜인다. 이야기 내용을 단계적으로 발전시켜 주제를 효과적으로 전달하는 방식이다. 무슨 글이든 첫 문장으로 독자를 사로잡으라는 말이 있다. '기'는 첫 문장부터 읽는 이의 마음을 끌어들이고, '승'은 '기'를 이어받아 주제가 담길 '전'으로 안내한다. 그리고 '결'로 주제를 요약하여 간결하게 마무리를 짓는다.

글의 분량은 앞이나 뒷부분보다 가운데 부분이 가장 길고 마무리 부분이 짧다. 한 마리의 생선 요리에 빗대어 '머리 - 몸통 - 꼬리'로 자른 세 토막을 떠올리면 쉽게 이해할 수 있을 것이다.

무엇을 어떻게 쓸 것인가

글을 쓸 때에, 먼저 '무엇에 대하여 쓸 것인가(단풍이 물든 모습)'를 정한다. 그리고 겪은 일이나 주변에서 관심을 가지고 보고 들은 장면과 모습에 어울리는 낱말(산, 단풍, 나뭇잎, 꽃잎, 빨갛다, 노랗다, 울긋불긋, 곱다, 아름답다 따위)을 모은다.

준비한 낱말들을 바탕으로 하여 글을 쓰면 '뒷동산에 노랗고 빨간 단풍이 울긋불긋 물들었습니다. 나뭇잎이 고운 꽃잎처럼 보입니다. 참 아름답습니다.'가 된다. 이처럼 쓰려는 내용이 흐트러지지 않게 사실과 의견이 담긴 문장과 문장을 제자리에 놓아 단락을 짓는다. 제목은 글에서 가장 중심이 되는 내용을 잘 드러내는 말이나 글감으로 정하는 것이 좋다.

주제가 정해지고 글감이 준비되었으면 어떻게 쓸 것인가를 떠올린다. 쓸 계획을 머릿속에 그려보거나 메모하는 것을 '개요(概要) 만들기(중요한 내용만 간추린 줄거리 짜기)'라고 한다. 개요는 글의 내용을 어떻게 펼쳐나갈까를 한눈에 볼 수 있게 짠 얼개요 뼈대다.

개요대로 글을 써 내려가야 주제에서 벗어나 갈팡질팡하지 않고 글의 전체와 부분의 균형을 맞출 수 있다. 우리가 무슨 일을 하더라도 계획을 세워 착착 실행에 옮기듯이 글쓰기도 꼼꼼한 준비가 필요하다.

글쓰기는 음식을 만들거나 건축을 하는 과정과 비슷하다. 요리 방법을 따라야 맛있는 음식을 만들 수 있다. 설계도가 있어야 건물을 제대로 세우는 것처럼 개요가 잘 짜여야 좋은 글이 될 수 있다. 개요에 살을 붙이면 비로소 한 편의 글이 탄생하는 것이다.

쓰기[執筆(집필), 글을 씀]는 개요에 따라 글을 써나가는 일이다. 쓰면서 중간 중간 주제를 벗어나지 않았는가, 글의 방향을 잃지 않았는가를 확인한다. 글을 잘 쓰는 사람은 글이 완전히 마무리될 때까지 맞춤법과 띄어쓰기 등에 얽매이지 않고 내용 중심으로 누에가 실을 뽑아 고치를 짓듯이 줄기차게 써 내려간다. 그리고 어떻게 써야 읽는 이들이 쉽게 이해할지 효과적인 의사소통을 궁리하면서 쓴다. 이렇게 쓰인 초벌(맨 처음 대강 하여 낸 차례) 원고(原稿)는 고쳐 쓰기 단계를 거쳐야 완성된 누에고치로 변신하는 것이다.

쓰고 싶은 것을 생각(계획)하여 적절한 표현으로 만들고(쓰기, 집필), 고쳐 쓰기로 그 내용을 검토하여 마무리하는 것이 글쓰기의 과정이다.

고쳐 쓰기를 어떻게 할 것인가

쓰기를 마치면 고쳐 쓰기(글다듬기)를 한다. 큰 소리로 자기가 쓴 글을 읽어가며 자연스럽지 않은 부분을 손질한다. 어떻게 하면 의미가 더 명확해지고 읽는 이에게 효과적으로 전달될지를 고민하면서 고친다.

꼼꼼하게 문법적으로 잘못된 부분을 점검한다. 주어와 서술어의 호응이 잘 맞은 문장인가. 맞춤법에 맞게 썼는가. 문장 부호를 알맞게 사용하였는가. 낱말이 알맞게 선택되었는가. 사실 관계가 맞고 주장에 근거가 있는가. 문장과 문장 그리고 단락과 단락이 잘 어울리는가, 주제가 뚜렷하고 분명한가를 살펴가며 고친다.

글은 간결함을 으뜸으로 한다. 그러므로 부족한 내용이 있으면 덧붙이고 군더더기는 지워버린다. 글의 구조(얼개)를 보면서 흐트러진 문장과 단락을 바로잡는다. 고친 다음에 어색한 부분이 없는지를 다시 확인한다.

글을 쓰고 나서 선생님에게 첨삭 지도를 받으면 문장력을 키울 수 있다. 아이에게는 일대일 지도 경험이 아주 중요하다. 이때 잘못된 부분의 지적도 필요하지만 긍정적인 면을 칭찬하여 자신감 있게 글을 고치도록 하는 것이 좋다. 어느 정도 수준에 이르면 스스로 자기가 쓴 글을 고치게 하는 방법이 바람직하다.

글은 처음부터 완벽할 수가 없다. 초벌로 쓴 글을 수없이 고쳐야 점점 더 좋은 글이 된다는 사실을 알아야 한다. 그래야 글쓰기의 두려움이나 부담감을 한결 덜 수 있다.

그러면, 고쳐 쓰기가 왜 중요한가. 주제를 좀 더 깊이 있게 다루고, 자신의 주장과 반대 의견도 생각할 수 있어서 그렇다. 주장이나 해석에 대한 반론(反論)을 예상해 보면서 글을 고친다. 글다듬기는 읽는 사람들에게 글쓴이의 뜻을 정확하게 전달하기 위해서 반드시 거쳐야 하는 쓰기의 마무리 단계다.

| **낱말 풀이**
- 논리(論理): 말이나 글에서 내용을 앞뒤에 맞게 이끌어가는 과정.
- 사고: 생각하고 궁리함. 문제 해결 과정에서, 그 결론에 이르기까지의 심리 작용.
- 주제문: 글을 쓴 목적이나 주장을 가장 잘 드러내는 중심 문장.
- 추상적: 낱낱의 사물에서 공통적인 것만 뽑아 모아 하나로 뭉쳐놓은 것. ↔ 구체적
- 구체적: 사물이 실제적이고 낱낱의 형태를 갖추고 있는 것. ↔ 추상적
- 긴밀하다: 서로의 관계가 썩 가깝다.
- 호응(呼應): 앞에 어떤 말이 오면 거기에 맞추는 말이 따라옴. 또는 그런 일.
- 첨삭 지도(添削 指導): 쓴 글을 고치고 다듬으면서 좋은 글을 쓰는 방법 따위를 가르쳐주는 일.
- 얼개: 어떤 사물이나 조직의 전체를 이루는 짜임새나 구조.
- 어색하다: 적당하지 못하여 자연스럽지 아니하다.

글을 읽고 내용 파악하는 방법

책은 수많은 지식과 기쁨이 담겨 있는 창고다. 독서는 개인적인 행동이 아니라 책을 펼치는 순간 사회적인 활동이 된다. 읽는 이와 지은이가 만나 끊임없이 폭넓은 대화를 나누는 것이다.

대화적 읽기는 자신의 경험과 배경지식을 활용하여 글의 내용을 적극적으로 이해하는 것을 목표로 삼는다. 읽고 정보를 얻기 위한 수단으로 질문하고 듣는 능동적인 독서법이다. 누가, 언제, 어디서, 무엇을, 왜, 어떻게 등은 가장 기본적인 질문이다.

글을 왜 읽는가? 한마디로 의사소통을 하기 위해서다. 독서는 건강하고 훌륭한 인간으로 성장하는 데 빠져서는 안 될 밑거름이다. 그러므로 글을 읽고 중심 생각이 무엇인지 정확하고 빠르게 요점(要點, 핵심이 되는 내용)을 파악하여 정리하는 능력이 아이에게 반드시 필요하다.

나무의 줄기에 가지와 잎이 붙어있는 것처럼 글에도 중심 내용과 이를 뒷받침하여 돕는 내용이 있다. 글을 읽고 가지치기로 줄기와 뼈대에 해당하는 요점을 잡아 간추려 줄이는 것을 요약(要約)이라고 한다. 듣거나 읽은 내용 가운데 중요한 것만 가려 뽑아 자신의 말로 다시 정리할 수 있는 힘이 요약 능력이다.

공부를 잘하고 못하고는 다름 아닌 요점을 정리할 줄 아느냐 모르냐에 달렸다. 이 말은 곧 문해력이 뛰어나야 한다는 뜻이다. 문해력이 부족하면 수없이 쏟아져 나오는 지식과 정보를 받아들여 이를 활용하는 데 어려움이 생긴다. 요점 정리와 요약을 잘하면 글쓰기 능력도 갖춘 것으로 볼 수 있다.

문해력이 왜 중요한가

문해력은 문자를 읽고 쓸 수 있는 힘이다. 넓게는 독해력(글을 이해하는 능력), 어휘력, 문장력(글을 쓰는 능력)을 아우르는 개념으로 글을 읽고 이해하여 활용할 수 있는 언어 능력을 말한다. 유네스코는 문해력을 '다양한 내용에 대한 글을 이해·해석·창작 등을 할 수 있는 힘'으로 정의하였다. 디지털 시대에 여러 가지 방식으로 정보를 이해하고 받아들이는 것도 여기에 포함된다.

글을 읽되 무슨 내용인지 제대로 이해하지 못하는 아이들이 더러 있다. 왜 이런 일이 벌어지는가? 일차적으로 글자는 떠듬떠듬 읽는데 낱말 뜻을 모르기 때문이다. 독서는 단순히 글자를 소리 내어 정확히 읽는 행위에서 그치는 것이 아니라, 글자와 낱말 그리고 문장이 지닌 의미를 구성해 내는 활동이다. 의미 있게 글자가 읽혀질 때 내용 파악이 되어 즐거움과 정보를 얻을 수 있다. 그런데 낱말들을 전체 문맥 속에서 읽기보다 고립된 글자로 읽기 때문에 문제가 생기는 것이다. 한편으로 글은 비교적 막힘없이 읽어 내용을 아는 것 같지만 실제로는 전혀 이해하지 못하는 아이도 있다. 원인은 어휘력이 부족한 탓이다.

어휘력 부족은 난독을 부르고 난독은 다시 문해력 저하로 악순환을 이룬다. 교과 학습 정도가 정상적인 아이라도 의미에 집중하지 않고 건성으로 대충대충 읽기 때문에 내용을 이해하지 못하는 경우가 허다하다.[61]

어휘력은 읽기 능력 발달에 결정적인 영향을 미친다.[62] 어휘력이 떨어지면 읽기 부진으로 이어진다. 어휘력이란 낱말들을 깊이 있게 이해하고 문장 안에서 정확하게 마음대로 부리어 쓸 수 있는 능력을 가리키는 말이다. 또한 어휘 구사 능력이라 함은 낱말을 문맥에 맞게 사용할 줄 알고, 문장 호응 등 문법 감각과 여러 비유에 의한 언어를 활용할 수 있는 힘을 뜻한다.[63]

읽기는 문장에 나오는 낱말을 통해 사고를 얻어내는 과정이다. 이와 같이 낱말은 생각을 연상하여 담아내는 그릇이므로 내용을 파악하려면 먼저 풍부한 어휘력이 뒷받침되어야 한다. 그런데 준비된 그릇이 작다면 생각도 좁을 수밖에 없지 않은가.

어휘력은 사고력과 밀접한 관계를 맺는다. 어휘가 풍부하면 그만큼 생각도 깊어진다. 그러니 기초 어휘를 포함하여 알고 있는 낱말의

---

[61] 문해력이 떨어지는 가장 큰 이유는 난독이다. 난독은 어휘력 부족과 건성건성 대충 읽기가 가장 큰 원인이다. 난독 문제 해결은 어휘력 향상과 정독(精讀, 뜻을 새겨가며 자세히 읽기)이 열쇠다. 문해력이 뛰어난 아이들의 비법은 정독과 속독(速讀, 빠른 속도로 읽기)에 있다. 공부 잘하는 아이는 말을 하거나 글을 읽는 것이 물 흐르듯 거침이 없다.

[62] 어휘력이 높은 아이는 일정한 속도로 글을 읽어 내려가지만, 어휘력이 떨어지고 주의력이 부족한 아이는 어려운 낱말이 나오면 눈길이 흔들리면서 중도에 읽기를 멈춘다는 실험 연구 결과가 있다.

[63] 문장의 의미를 제대로 이해하려면 문장을 구성하는 낱말들의 뜻과 쓰임(문장 속에서 낱말들이 결합하는 통사 규칙)을 분명하게 알고 있어야 한다.

수가 많으면 많을수록 주어진 글을 얼핏 보고도 그 뜻을 이해할 수 있으므로 독서 활동이 훨씬 쉬워지는 것이다.

아이가 교과서에 나오는 어휘를 모르면 선생님의 설명을 알아듣지 못하여 교과학습 진도를 따라가기 어렵다. 낱말의 뜻을 몰라 시험 문제를 풀지도 못한다. 끝내 학습 결손으로 이어진다.[64] 이는 국어 교과뿐만 아니라 수학, 사회, 과학, 영어 등 모든 과목에도 해당하는 말이다. 수학 교과에서, 수학적 사고와 문제 풀이를 하려면 계산이나 연산(演算, 식이 나타낸 규칙에 따라 계산하는 일) 실력이 있어도 핵심 개념을 모르거나 주어진 문제의 물음 자체가 길어질수록 틀린 답을 고르는 비율이 높게 나타난다고 한다. 문해력이 뛰어난 아이들이 긴 문장으로 묻는 응용 문제 풀이를 잘 해낸다는 사실이 이를 입증한다.

문해력이 높은 아이는 수업 내용의 이해 정도가 빠르다. 문해력을 늘리려면 어떻게 해야 하는가. 어휘 학습이 필수다. 어휘가 풍부한 아이는 공부가 그만큼 쉬워진다. 어휘력은 모든 공부의 바탕이 되며 학업 성취도(學業 成就度, 이해력·응용력 따위의 도달 정도)에 절대적인 영향을 미치기 때문이다. 이와 같이 아이들의 문해력과 학업 능력 사이에는 깊은 상관관계가 있다.

---

[64] 초등학교 저학년 때는 피아제(J. Piaget)가 제시한 인지 발달 단계에서 사물들 간의 관계성을 통하여 사고를 확대해 나가는 구체적 조작기(7~12세)에 해당하며, 논리적 사고가 발달하고 언어도 자기 중심에서 벗어나 사회화되면서 어휘력이 폭발적으로 늘어나는 시기다. ※ 더 읽을거리 '낱말의 관계 1: 반대말과 상대어' 보기.

교과 성적이 떨어지는 아이는 다양한 독서 활동과 교과서에 나오는 낱말을 하나하나 정리하면서 문해력으로 다가가는 공부를 해야 한다. 국어 실력 곧 어휘력을 밑바탕에 깔아놓아야 다른 과목도 잘할 수 있다. 문해력이 부족하면 결국엔 자기 주도 학습도 불가능해진다. 어휘력이 떨어지면 말귀를 못 알아듣는 것뿐만 아니라 학습을 포기하는 경우가 생긴다. 거기에다 자신감까지 잃어 학교생활에 적응하지 못하면 큰일이다. 반대로 어휘력이 늘면 그만큼 공부가 재미있고 쉬워지면서 상상력도 풍부해지고 창의력이 발달하는 것이다.

비유하건대, 눈 내린 들판에서 두 아이가 눈사람을 만들려고 한다. 영수는 주먹만 한 눈덩이를 허리 굽혀 굴리고 은숙이는 훨씬 크게 뭉쳐진 눈덩이를 편안한 자세로 굴린다고 가정할 때, 둘이 똑같이 들인 시간과 노력에 비해 누가 더 큰 덩이를 지을 수 있겠는가. 굴리면 굴릴수록 점점 더 크기의 격차가 벌어질 것이 뻔하다.[65]

알고 있는 어휘의 수가 적은 아이와 그보다 많은 아이의 언어 구사 능력이 같을 수는 없다. '아는 만큼 보인다.'는 말이 있다. 학습이나 독서도 마찬가지다. 글의 맥락을 이해하고 표현하는 문해력이 학습 능력을 좌우하기 때문이다.

---

[65] 마태 효과(Matthew Effect)란? 빈익빈 부익부(貧益貧 富益富) 현상을 가리킨다. 사회학 용어로 누적이득(累積利得)이라고도 한다. 학년이 올라감에 따라 어휘력이 높은 학생들과 낮은 학생들 간의 어휘력 격차가 점점 더 벌어진다는 의미다. 잘 읽는 아이는 점점 더 잘 읽게 되고 잘 읽지 못하는 아이는 점점 더 읽기 능력이 뒤처지게 된다. 그러나 읽기 기능이 부족한 아이라 하더라도 읽기에 흥미나 동기가 높은 경우에는 다른 결과를 가져온다고 한다.

| **낱말 풀이**   – 능동적: 다른 것에 이끌리지 아니하고 스스로 일으키거나 움직이는 것. ↔ 수동적
- 의사소통(意思疏通): 가지고 있는 생각이나 뜻이 막히지 않고 서로 잘 통함.
- 간추리다: 글 따위에서 중요한 점만을 골라 간략하게 정리하다.
- 악순환(惡循環): 나쁜 현상이 되풀이됨.
- 건성으로: 속뜻 없이 겉으로만 대강.
- 문맥(文脈): 글에 나타낸 의미의 앞뒤 연결.
- 비유(比喩): 어떤 현상이나 사물을 직접 설명하지 않고 그와 비슷한 다른 것에 빗대어 설명하는 일.
- 연상(聯想): 어떤 것으로 말미암아 그와 관련 있는 다른 것이 머리에 떠오르는 일.
- 사고력(思考力): 생각하고 사물의 이치를 깊이 연구하는 힘.
- 절대적: 비교하거나 상대될 만한 것이 없는 것. ↔ 상대적
- 상관관계: 두 가지 가운데 한쪽이 변화하면 다른 한쪽도 따라서 변화하는 관계.
- 좌우(左右)하다: 어떤 일에 영향을 주어 결정하다.

문해력과 어휘력을 키우는 방법

어휘력은 모든 공부의 디딤돌이다. 어휘를 늘리려면 책을 많이 읽어야 한다. 책을 읽다가 모르는 낱말은 사전을 찾아 정리하면서 뜻을 알고 넘어가야 한다. 이때 예문 속에서 낱말을 익히는 것이 기억하기에 쉽다. 한자어는 한자의 음(소리)과 훈(뜻)을 참고하여 낱말의 이해

도를 높인다. 또한 속담[66]이나 관용어[67]도 알고 있어야 글의 뜻을 제대로 이해할 수 있다. 어휘력을 키우는 가장 좋은 방법은 독서를 많이 하고 국어사전을 가까이하는 것이다.

또한 독서 활동에서 어휘력이 중요하고 글을 더 잘 이해하기 위해서 평소에 쌓아놓은 배경지식[68]이나 경험의 활성화도 필요하다. 독서는 어휘력과 문해력을 향상하고 배경지식을 쌓아줌으로써 모든 교과 학습 발달에 도움이 된다. 책 읽기가 학습 능력 향상에 가장 효과적인 방법임은 누구나 알고 있는 사실이다.[69]

책을 읽지 않거나 읽기 싫어하는 아이를 어떻게 지도할 것인가. 학

---

[66] 속담이란? 옛날부터 전해져 내려와 우리의 일상생활에 익어진 말이다. 삶의 지혜가 담겨 있다. '가는 말이 고와야 오는 말이 곱다.', '낫 놓고 기역 자도 모른다.', '소 잃고 외양간 고치기' 따위가 있다.

[67] 관용어란? 둘 이상의 낱말로 이루어져 있으면서 그 낱말의 기본적 의미와는 관계없이 특별한 뜻을 나타내는 말이다. 흔히 하나의 낱말처럼 쓰인다. '발이 넓다.'는 사귀어 아는 사람이 많다를, '손이 크다'는 마음이 후하여 씀씀이가 넉넉하다를 뜻하는 것 따위다. 국어사전에서 관용어를 찾을 수 있다.

[68] 배경지식(背景知識)이란? 내가 이미 알고 있었던 경험이나 지식을 말한다. 읽기 과정을 이끌어가는 힘은 읽는 이의 배경지식이요, 이것을 쌓을 수 있는 가장 좋은 방법은 책 읽기다. 배경지식 없이 읽기가 어렵고 읽기 없이 쓰기가 힘들다. 또한 스키마(schema)는 우리의 기억 속에 저장되어 있는 모든 경험적 지식을 뜻하는 말이다. 독자의 스키마는 독서 과정에서 글의 이해를 돕는 구실을 한다. 즉 새로운 지식을 좀 더 쉽고 유용하게 받아들이도록 한다. 따라서 읽기는 독자의 지식 곧 스키마와 글 사이의 상호 작용에 있으며, 의미는 독자에 의해 구성된다.

[69] 앞서 한 학습은 현재의 학습을 어렵지 않고 쉽게 만들어준다. 이처럼 아이의 흥미와 동기에 기반을 둔 선행 학습(=전 학습)이 그 후의 새로운 학습에 미치는 영향 또는 효과를 '학습의 전이(學習 轉移, transfer of learning)'라고 한다.
사전 지식(事前 知識, 선행 지식)은 수업이 진행되기 전에 학습 내용에 관하여 아이가 이미 알고 있는 지식을 뜻한다. 이것은 읽기 속도뿐만 아니라 내용을 미리 헤아려 짐작하는 데 도움을 준다. 예습의 중요성을 알리는 말이다.

부모는 아이의 지적 호기심을 자극하는 내재적 동기 유발[70]로 독서 습관을 길러주어야 한다. 이때 책 읽기를 강요하기보다 스스로 읽는 습관을 들일 수 있는 방법을 찾는 것이 현명한 생각이다. 저학년 어린이가 책 읽는 시간은 하루에 20~30분, 길어야 40분 정도면 적당하다. 또한 아이에게 도서관이나 서점에서 읽을거리를 직접 고르게 하면 읽고 싶은 마음이 생길 가능성이 높아진다.

아이의 몸에 밴 독서 습관은 어휘력뿐만 아니라 다른 사람을 이해하며 공감하는 힘과 상상력을 기르고 집중력과 끈기로 이어진다. 독서 습관은 평생 실력을 만드는 밑거름이다.

학교에서는 교과서를 읽고 무슨 말인지 이해를 못 해 수업을 포기하는 아이들이 없도록 가르쳐야 한다. 학습이 부진한 아이는 이른 시기에 난독을 치료하여 공부에 재미를 붙일 수 있게 해야 한다. 수업에 정상적으로 참여할 수 있도록 보충 학습을 시켜야지 더 이상 미루어서는 안 될 일이다. 이것이 해결되지 않으면 학습 부진을 넘어 앞으로 살아가면서 더 큰 어려움에 놓이게 될 수 있기 때문이다. 별도의 개별

---

[70] 내재적(內在的) 동기 유발이란? 자신의 욕구, 흥미, 호기심 등 어떤 일 자체를 위해 보람과 성취감을 즐기며 자발적으로 행동하는 것을 말한다.

화된 읽기 회복 프로그램[71] 지도가 시급한 시점이다.

배움에는 결정적 시기가 있다. 때를 놓치면 다음 단계의 학습이 곤란해진다. 특히 수학의 경우 같은 내용이 다음 학년으로 이어지는 나선형 교육 과정[72]이므로 학년이 올라갈수록 점점 더 복잡해진다. 문해력이 부족한 아이는 일찌감치 학습에 흥미를 잃고 초등 3학년 때 수학을 싫어한다고 하니 안타까울 따름이다. 학교와 가정에서 제때에 문해력을 길러주어야 적극적이고 자신감 있는 태도로 수업에 참여하고 자기 주도적으로 학습을 이어나갈 수 있다.

| **낱말 풀이**
- 지적 호기심: 지식에 관하여 알고 싶어 하는 마음.
- 자극하다: 바깥에서 영향을 미쳐 마음에 반응이 일어나게 하다.
- 동기 유발(動機 誘發): 개인으로 하여금 열심히 일하게 하는 까닭이 되는 조건.
- 집중력(集中力): 마음이나 주의를 한 가지 일에 쏟는 힘.

---

[71] 상당수의 학생들이 교과서를 제대로 이해하지 못하는 수준이다. 읽기 부진아를 조기에 발견하고 전문적인 교사가 개별적으로 읽기 회복(reading recovery) 프로그램을 적용하여 문제를 제때 해결해 주어야 한다. 그러나 문제의 심각성을 인식하면서도 여건상 거의 손을 못 쓰고 있는 현실이 공교육의 한계라고 지적할 수 있다.
가정에서 학부모는 독서 능력이 떨어지는 자녀에게 전에 읽어본 경험이 있는 익숙한 이야기나 교과서를 교재로 준비한다. 먼저 시범 읽기를 한 다음 글자 읽기를 중심으로 두세 번 읽힌다. 그리고 내용을 중심으로 발문과 응답을 통하여 읽기 학습을 인내심을 가지고 꾸준하게 이어나간다. 글을 유창하게 읽을 수 있도록 반복적인 훈련과 경험이 난독 문제를 해결하는 방법이다.

[72] 나선형(螺旋形) 교육 과정이란? 동일한 성격의 내용이 학년 수준이 높아짐에 따라 더 폭넓게, 또 깊이 있게 계열성 원칙에 따라 가르쳐야 한다는 교육 이론이다. 교육 과정이 마치 달팽이 껍데기 모양과 같다고 해서 붙여진 이름이다.

종이책과 전자책, 어떻게 읽어야 하나

독서 능력 발달 단계에서 저학년 때에는 맞춤법과 발음법 이해를 위한 낭독/음독(朗讀/音讀, oral reading, 소리 내어 읽기)[73]으로 시작한다. 고학년에 이르면 다양한 독서 경험과 수많은 시각 어휘를 학습하여 음독 속도보다 점차 읽는 속도가 빨라지는 묵독(黙讀, 소리를 내지 않고 속으로 읽기)이 더 큰 비중을 차지한다. 눈으로만 읽는 유창성을 획득하면서 아이들은 글자를 읽는 것만이 아니라 글의 의미를 이해하는 데 더 집중할 수 있게 되어 학습에 보다 효율적이다.

어느 방법으로 읽든 집중력을 잃지 않고 머릿속으로 살펴 인쇄된 정보를 새겨가며 정독을 해야 올바른 독서법이다. 일반적으로 독해 능력은 긴 글을 빠르고 정확하게 읽는 '정속독(精速讀)'을 기준으로 한다. 누가 얼마나 빠르고 정확하게 읽고 문제를 해결할 수 있느냐가 문해력을 가르는 잣대다.

미디어를 통해 정보를 받아들이고 활용하는 능력을 '미디어 문해력'이라고 한다. 여기서 핵심을 이루는 것은 비판적 사고다.[74] 문해력이 떨어지면 참과 거짓을 가릴 수가 없어 가짜 정보에 휘둘리고 미디

---

[73] 큰 소리로 읽는 '낭독'은 난독 현상을 예방하는 효과적인 독서 방법이다. 눈만이 아닌 글 읽는 소리가 귀를 자극하기 때문에 기억에 효과적이다. 더불어 발음도 교정할 수 있으며, 글자를 빠짐없이 읽고, 끊어 읽기가 잘 되는 등 글을 유창하게 읽을 수 있다. 여기서 유창하게 읽는다는 것은 글을 읽을 때 적절한 억양을 가지고 의미 단위에 따라 내용을 이해하고 기억하며 빠르게 읽는 능력을 말한다.

[74] 비판적 사고란? 주어진 지식이나 주장이 참인지 거짓인지 객관적 증거에 비추어 검토하고 원인과 결과의 관계를 명백히 따지면서 생각하는 과정을 말한다.

어 여론에 무비판적으로 휩쓸릴 가능성이 높다. 그 결과 전문가들은 낮은 문해력이 개인의 삶의 질을 떨어뜨리고 민주주의 위기를 불러올 수도 있다고 경고한다.

거기에다 요즘 젊은이들이 영상 매체에 익숙해지면서 책 읽기보다 스마트 기기를 통한 정보 습득으로 '활자 이탈 현상'이 빠르게 진행되고 있다. 영상은 수동적이고 활자는 능동적인 문화라는 점에서 주의 집중력, 사고력, 판단력과 창조력 저하가 걱정된다. 그리고 유튜브 등 짧은 영상에서 단편적인 정보만을 받아들여 긴 글을 읽고 이해하는 능력이 떨어지는 것도 심각한 문제다.

그럼에도 여러 사정을 헤아려 학교에서는 정보화 시대에 맞추어 인공지능(AI) 디지털 교과서 도입을 추진하고 있다. 오디오북, 동영상과 대면/원격 수업, 온라인 강좌 등 교수-학습 자료가 다양하다. 교실에서 사이버 공간의 역할이 눈에 띄게 두드러지면서 수업 환경이 크게 바뀌어간다. 아이의 수준과 속도에 맞는 배움으로 학습에 자신감을 갖게 한다는 점이 기대된다. 반면에 스마트 기기는 학습과 관련해서 특정한 조건에서만 효과가 있다는 연구 보고도 있다. 어떻든 종이책이 여전히 문해력 증진의 기본이요, 다양한 독서 매체의 특성을 이해하고 적응하는 데 기초 자료가 됨은 틀림없는 사실이다.

온라인 정보와 전자책을 보고 듣는 것은 종이책을 읽는 것과 어떤 차이점이 있는가. 학습 효과 면에서 힐데군 슈튈레 등은 "디지털 기기는 구체적이고 단기 학습 목표에 유용할 가능성이 높고, 독해와 같은 복잡한 인지 기술을 기르는 데는 전통적인 종이책 읽기가 가장 좋다. 읽기 능력이란 평생에 걸쳐 발달되는 장기 학습이다."(『다시, 어떻게 읽을 것인가』, 나오미 배런 지음)라고 하였다. 영상들도 말이나 글로 전달되므로 영상 매체 시대에도 읽기 능력이 여전히 중요하다는 말이다.

종이책 독서는 읽는 사람에게 긴장과 집중력을 요구한다. 그리고 영상 매체를 보는 것보다 훨씬 더 깊이 있는 사고를 하게 하는 적극적인 지식 습득 방법이다. 언어 교육 면에서 볼 때도, 활자로 인쇄된 글이 여전히 정보 세계의 뼈대라고 할 수 있다. 여하튼 교육 전문가들은 여러 매체의 장단점 비교에 관한 연구 결과, 균형 있는 읽기를 권장한다. 정보화 시대에 우리는 다양한 독서 매체를 효과적으로 활용할 수 있어야 할 것이다.

| **낱말 풀이** – 이탈(離脫): 어떤 범위에서 떨어져 나오거나 떨어져 나감.
– 저하(低下): 정도, 수준, 능률 따위가 떨어져 낮아짐.
– 심각하다: 상태나 정도가 매우 깊고 중대하다.
– 비판: 현상이나 사물의 옳고 그름을 판단하여 밝히거나 잘못된 점을 지적함.
– 수동적: 스스로 움직이지 않고 다른 것의 작용을 받아 움직이는 것. ↔ 능동적
– 인지(認知): 어떤 사실을 인정하여 앎.

글의 내용을 파악하는 방법

우리는 글의 내용 파악에 앞서 제목, 단락의 특성, 글의 짜임(얼개,

구조)에 대하여 간략하게 정리할 필요가 있다.

제목은 가장 중심이 되는 내용을 드러내는 글의 이름표이자 간판이다. 글감이나 글 전체의 내용(중심 낱말, 핵심어)과 관련지어 제목을 붙이기 때문에 주제가 되기도 한다. 단락(문단)은 문장들이 모여 '하나의 중심 생각'을 담은 것으로 중심 문장과 여러 개의 뒷받침 문장으로 이루어진다. 또한 글의 설계도 구실을 하는 얼개가 내용을 쉽고 효과적으로 전달하기 위한 장치이므로 글의 짜임을 알면 글 전체를 한눈으로 들여다볼 수 있다.

글을 읽는 이는 숲(전체)도 보고 나무(부분)도 볼 수 있는 눈을 갖고 있어야 한다. 능숙한 독자는 글을 읽을 때에 가장 먼저 제목부터 살피고 무엇에 대한 내용인지 짐작해 본다. 제목만 보아도 내용을 어림잡을 수 있어서다. 그리고 글 전체를 훑어본다. 글의 구성이 어떻게 짜였는가를 머릿속으로 그려보려는 것이다. 그다음에 글의 종류를 확인하고 무엇을 설명하는지와 무슨 의견이나 주장을 내세우는지 글쓴이의 생각(의도)을 찾는다. 여러 번 되풀이되는 중심 낱말(핵심어)을 눈여겨보면서 내용을 파악해 나간다.[75]

대부분의 글은 머리와 몸통 그리고 꼬리, 세 토막으로 짜인다. 한 편의 글을 한 마리의 생선구이로 여기면 내용 파악이 훨씬 더 쉬워진

---

[75] 로빈슨(Robinson)의 읽기 방법 SQ3R: 글을 읽기 전에 읽을 내용을 훑어보고(Survey), 훑어본 내용에 대해 질문을 한 후(Question), 꼼꼼히 읽으며(Read), 읽은 내용을 되새기고(Recite), 끝으로 읽은 것을 검토한다(Review).

다. 살을 발라내고 가시(글의 뼈대, 틀)를 짜 맞추어서 뭉뚱그려 등뼈(요점)만 골라내면 요약[76]이요, 이것을 압축하면 주제다. 글을 읽는 것은 바로 주제를 찾아가는 과정이다. 한편 이러한 읽기 순서를 거꾸로 하면 쓰기 과정과 별로 다를 것이 없다.

글 속에는 나오는 사람(등장인물)이 겪은 일과 생각, 느낌이 가지런하게 드러나 있다. 그들이 어떤 생각을 말하려고 하는지, 왜 그렇게 생각하고 행동하는가를 살피며 꼼꼼히 읽어나간다. '왜 그럴까?' 하고 수없이 질문을 던진다. 사실적 이해도 중요하지만 글에 직접 나타나지 않은 뜻까지 추론하면서 읽는다. 이를 행간(行間, 글의 줄과 줄 사이)을 읽는다고 한다. 이렇게 겉으로 드러난 의미뿐만 아니라 글쓴이가 의도하는 숨은 부분까지 찾아 읽는 방법을 '추론하며 읽기'라고 한다.

마지막으로 사실과 의견[77]을 구분하여 글쓴이가 의도하는 바가 무엇인지를 정리한다. 글쓴이의 생각이 옳은지 판단한다. 다시 말해, 글쓴이의 주장이 명확하고 주장과 논리에 관련된 근거가 한쪽으로 치우치지 않고 객관적이고 타당성이 있는지를 따져보면서 읽는 것이

---

[76] 요약이란? 말이나 글의 중심 내용을 빠뜨리지 않고 요점을 잡아서 간추림을 뜻하는 말이다. 요약 능력은 많은 양(量)에서 알짜만 골라 질(質)로 나타낼 수 있는 독서력이다. 요약은 글을 쓸 때에 개요에 해당하는 말이다.

[77] '사실'은 객관적인 내용을 전달하며 정보의 정확성과 적절성이 판단의 근거가 된다. '의견'은 개인의 생각이나 느낌 곧 주관적인 내용을 주장하는 근거가 확실해야 한다. 사실과 의견을 구별하는 것이 논리적 사고의 출발점이다.

다.[78]

　읽기를 마친 후, 아이가 글을 얼마나 정확하게 읽었으며 깊이 있게 이해하고 있는가를 발문[79]과 응답을 통하여 검사하는 과정이 필요하다. 발문은 새로운 사고에 도전하게 하는 학습 지도 방법이다. 수준 높은 발문과 응답에 대한 적절한 반응을 보여주어야 아이가 비판적 사고력(옳고 그름을 판단하기 위하여 사실을 분석하는 힘)과 창의적 사고력[80]을 키울 수 있다.

　발문과 응답은 글쓴이의 설명이나 주장을 그대로 받아들이는 것뿐만 아니라 이러한 과정을 통하여 자기의 생각을 넓혀나갈 수 있는 좋은 기회가 된다. 글을 잘 읽는다는 말은 단순히 내용을 정확하게 파악하는 차원을 넘어 그 이상을 얻을 수 있음을 의미한다. 이것이 바로 능동적 읽기요, 비판적 읽기다.

| **낱말 풀이**　– 파악(把握): 어떤 대상의 내용을 확실하게 이해하여 앎.
　　　　　　　– 뭉뚱그리다: 되는대로 대강 뭉쳐 싸다. 여러 사실을 하나로 묶어 넣다.

---

[78] 글을 읽을 때는 사실대로 읽기, 느끼면서 읽기, 따지면서 읽기를 염두에 두어야 한다. 더 나아가 사실적으로 읽기, 추론하며 읽기, 비판하며 읽기(타당성, 공정성, 적절성을 따지면서 읽음), 감상하며 읽기, 창조적으로 읽기 등의 능력을 갖출 필요가 있다.

[79] 발문(發問)이란, 아이의 사고를 자극하고 발전시켜 나가기 위하여 의견이나 문제를 내어놓는 것이다. 알고 있는 사람이 모르는 사람에게 묻는 것이다. 질문(質問)은 자기가 모르거나 의심나는 것을 선생님께 여쭈어보는 것이다.

[80] 창의적 사고는 지식이나 경험을 바탕으로 새롭고 가치 있는 결과물을 만들어내는 능력, 또는 새로운 의견이나 아이디어를 낼 수 있는 정신적 능력을 말한다.

- 추론(推論): 미루어 생각하여 논함. 어떠한 판단을 근거로 삼아 다른 판단을 끌어냄.
- 판단하다: 어떤 기준에 따라 결정하다.
- 객관적: 자신의 생각에서 벗어나 제3의 입장에서 보고 생각한 것.
  ↔ 주관적
- 타당성: 사물의 이치에 맞는 옳은 것. 가치 있는 판단.
- 비판적: 현상이나 사물의 옳고 그름을 판단하여 밝히거나 잘못된 점을 지적하는 것.
- 창의적: 새로운 것을 생각해 내는 특성을 띠거나 가진 것.

글의 종류와 쓰기 방법

글의 종류에 무엇을 설명해 놓은 것과 자신의 의견을 나타내는 글이 있다. 또한 글쓴이의 사상(생각)이나 감정(느낌)을 표현한 시와 이야기도 있다.

'설명하는 글'은 어떤 사물이나 사실을 풀어써 읽는 이에게 '이해'시키기 위한 글이다. 설명은 이해를 돕기 위하여 대상의 내용을 혼자만의 생각에서 벗어나 누구에게라도 쉽게 전달하려는 객관적인 글쓰기 방법이다. 여기에서 가장 중요한 것은 정보의 사실성과 정확성이다. 설명은 쉬운 낱말과 문장으로 해야 한다. 주로 설명문이나 물품 설명서 등 안내문에 쓰인다.

아이들이 쓰기에 활용할 수 있는 글감으로 자신이 잘 알고 있는 것이나 겪은 일이 적합하다. 저학년 학생들은 자기가 가장 관심이 있는 '축구에 대한 모든 것'과 같은 친숙한 주제에 대한 정보나, '자전거를 타는 방법' 등 익숙한 활동에 대한 내용을 쓰는 것을 좋아한다.

설명하는 글은 '처음(설명할 것 밝히기) - 가운데(자세하게 설명하기) - 끝(앞의 내용을 간추리고 마무리 짓기)'으로 짜인다.

일반적으로 제목을 설명하려는 대상으로 정한다. 쓸 때에 설명하려는 까닭을 논리적으로 생각해 본 뒤에 읽을 사람이 궁금해하는 내용을 담는 것이 좋다. 한편 읽는 이는 대상의 특징을 간추려 말할 수 있어야 한다.

'주장하는 글'은 자기가 옳다고 내세우고 싶은 의견이나 주장에 대하여 논리적인 근거[81]를 들어 읽는 이에게 그 뜻을 알아차리고 따르도록 '설득'하려는 글이다. 자기의 생각이나 주장하려는 내용이 분명하고 왜 그래야 하는지를 앞뒤가 맞게 쓴다. 내 주장에 따르게 하려면 그것을 뒷받침할 수 있는 근거를 들어 증명해야 한다. 옳고 그름을 밝히는 논증의 과정을 거치지 않는다면 상대방을 설득할 수 없기 때문이다. 되도록 비유나 감정적인 표현은 삼가는 것이 좋다.

옳고 그름의 이유를 들어 밝히는 논증(論證, 논리적 증거)은 읽는 이의 마음이나 행동에 쓰는 이가 바라는 대로의 변화를 일으킬 생각으로 하는 글쓰기 방법이다. 논설문, 논술이 대표적이다.

자신의 주장을 논리적으로 펼치기 위해 '서론(문제 상황과 주장을 밝힘) - 본론(주장을 뒷받침하는 근거 제시, 주제의 구체화) - 결론(주장하는 내용 간추림과 강조)'의 짜임으로 글을 펼친다.

---

[81] 주장을 뒷받침하는 내용을 근거(根據, 의견의 근본이 되는 까닭)라고 한다. 반드시 '주장'을 떠받드는 '근거'를 들어야 설득력이 있다. [근거→(그러므로)→주장], [주장→(왜냐하면)→근거]

주장하는 글은 '이렇게 합시다. 이렇게 하면 좋겠다. 이렇게 하면 어떻겠습니까?' 따위로 주장의 근거를 믿을 수 있게 해야 한다. 글쓴이의 의견이 그런대로 맞다고 공감할 수 있어야 좋은 글이다. 그러므로 주장을 떠받치는 논거를 충분히 마련하는 게 중요하다. 흔히 제목을 주장하고 싶은 내용으로 정한다.

시(동시)와 이야기도 있다.[82] 시는 간결한 형식으로 읽는 이에게 감정적인 반응을 일으키는 글이다. 이야기에는 등장인물, 때와 장소(배경), 일어난 일(사건)이 나온다. 사건을 알리는 글은 '언제, 어디서, 누가, 무엇을, 어떻게, 왜'라는 여섯 가지가 반드시 들어간다.

| **낱말 풀이**
- 이해(理解): 말이나 글의 뜻을 깨쳐 앎.
- 설득(說得): 잘 설명하거나 타일러서 알아차리게 함.
- 논술(論述): 어떤 주제에 대하여 적절한 논거를 바탕으로 자신의 주장을 설득력 있게 펴는 글.
- 논거(論據): 주장의 타당성이나 정당성을 뒷받침하는 논리적인 근거. 예) "사실 논거(확실하고 구체적인 사실)나 소견(믿을 만한 전문가의 의견) 논거가 있다."

---

[82] 어린이들에게 문학을 가르치는 목적은 어휘력 증진 및 정신적인 체험 확대와 삶의 지혜 터득, 상상력, 도덕성을 기르는 데 있다. 아이의 전인적이고 통합적인 발달을 꾀하려는 노력이다. 독서 교육의 본질도 책을 통해 스스로 삶을 창의적이고 풍요롭게 갖추어나갈 수 있는 능력을 키워주는 것이다.

문학 작품의 이해와 감상

'시'는 지은이의 생각이나 감정을 간결하게 나타낸 리듬 있는 글이다. 곧 운율(리듬) 등의 음악적 요소와 말이나 글에 대한 인상적인 이미지를 통해서 읽는 이에게 상상력을 불러일으켜 주는 형식이다. 옹알이 때부터 운율에 대해 친밀감을 갖고 태어난 아이들은 리듬감을 갖춘 시 공부가 상상력과 창의력을 기르는 데 도움이 된다.

우리가 시를 읽을 때에는 '시 속의 인물'[83]이 어떤 생각과 무엇을 하고 있는지 시의 장면(어떤 곳에서 벌어진 광경)을 떠올리며 낭송(시의 분위기를 생각하며 소리 내어 읽음)하는 것이 좋다. 그리고 느낀 점을 말해본다.(148쪽 '시 읽고 감상하기' 보기)

김소월의 동시 「엄마야 누나야」를 감상해 보자.

　　엄마야 누나야 강변 살자
　　뜰에는 반짝이는 금모래 빛
　　뒷문 밖에는 갈잎의 노래
　　엄마야 누나야 강변 살자

모두 4행(글의 줄)으로 이루어진 길이가 짧은 시다. 리듬감이 있어 낭송을 하면 마치 노래처럼 들린다. 첫 행과 끝 행이 같은 내용을 반

---

[83] 시 속의 인물을 '시적 화자' 또는 '서정적 자아(시에 표현된 생각이나 감정 따위를 효과적으로 전달해 주는 인물)'라고 부른다.

복하여 강변에 살고 싶은 마음을 간절하게 드러내고 전체적인 짜임이 안정감을 준다. 강변의 모습을 2행과 3행에서 눈에 보이고 귀에 들리듯이 표현하였다.

시 속의 인물이 '엄마와 누나 그리고 나'다. 시적 화자는 어린 소년이다. 지은이(김소월)가 어린 사내아이의 목소리로 말하였다. 강변은 현실 생활에서 벗어날 수 있는 '반짝이는 금모래 빛과 갈잎이 노래'하는 이상향(마음에 그리는 완전한 사회)이다. 가족이 함께 평화롭게 살고 싶은 꿈의 세계를 그린 작품이다.

'이야기(동화/소설)'는 주제와 줄거리가 있는 비교적 긴 글이다. 이야기 글의 이해는 이야기의 특성과 구조를 알아야 더 잘 이해하게 된다. 이야기 요소 학습에 바탕을 둔 발문 전략은 아이들이 이야기를 이해하는 데 많은 도움을 줄 수 있다.

이야기에는 인물과 사건(이야기에서 일어나는 일) 그리고 배경(이야기가 벌어지는 때와 곳, 날씨, 시대)이 나온다. '누가 언제 어디서 어떤 말과 행동을 하였다.'로 사건이 펼쳐진다. 인물, 사건, 배경은 이야기를 엮어나가는 데 꼭 필요한 세 가지 요소다. 또한 이야기를 들려주는 방식이나 어느 관점에서 누가 이야기를 알고 누구를 통하여 말하는가에 따라 1인칭 시점(주인공이 나), 전지적 작가 시점, 3인칭 관찰자 시

점으로 서술의 초점을 달리한다.[84]

　제대로 짜인 이야기가 되려면 주제를 중심으로 벌어지는 일의 원인과 결과에 딱 들어맞는 줄거리 구성을 갖추어야 한다. 「흥부전」에서 '흥부가 부러진 제비 다리를 정성껏 고쳐주었다. 제비가 선물로 물어다 준 박 씨를 심고 잘 길러 가을에 박이 탐스럽게 열렸다. 그 박을 탔더니 보물이 쏟아져 나와 흥부네 가족이 벼락부자가 되었다.'는 내용이다. '착한 일을 하면 복을 받는다.'가 주제다. 이 작품은 일정한 구조에 흐트러짐이 없으며 글감을 깊이 있게 다룬 이야기라고 할 수 있다.

　지은이(작가)는 읽는 사람의 재미나 즐거움을 꾀하려고 '발단 - 전개 - 위기/절정 - 결말'로 이야기를 풀어나간다. 평범하고 밋밋한 이야기가 아니라 굴곡 있게 이끌어간다. 평지를 걷는 것이 아니라 산에 오르고 꼭대기(절정)에서 다시 아래로 내려오는 것 같은 구성이라야 읽는 이의 흥미를 끌 수 있다.

　발단(어떤 일이 처음 벌어짐)은 등장인물과 배경이 나오고 이야기가 시작되는 부분이다. 전개(내용을 펴나감)는 사건이 펼쳐지고 갈등이 일어나는 단계다. 위기/절정은 이야기에서 가장 재미있는 부분으로 긴장감이 높아지며 사건 해결의 실마리가 보인다. 결말(어떤 일의 끝)은

---

[84] 전지적 작가 시점은 지은이가 신처럼 사건의 모든 것을 알고 있는 듯이 서술하는 방식을 말한다. 옛날이야기는 대부분 전지적 작가 시점이다. 3인칭 관찰자 시점은 작가가 사건에 직접 끼어들지 않고 먼발치에서 관찰해 가며 서술하는 방식이다.

인물들 사이의 갈등이 해소되고 사건이 안정되면서 마침내 문제가 마무리되어 여운을 남기는 부분이다.

여기서 갈등이란 줄거리 안에서 일어나는 긴장이나 대립 상황을 말한다. 인물이 겪는 어려운 상황이란 인물 사이의 갈등, 인물과 자연과의 갈등, 인물과 사회와의 갈등, 한 인물의 마음속에서 고민이나 망설임으로 드러나는 갈등이 있다.

이야기에서 인물의 성격을 파악하려면, 등장인물들이 한 말이나 행동을 주의 깊게 생각하며 읽어야 한다. 글 속 상황(일이 되어가는 과정이나 형편)에 따라 인물이 느끼는 기분이 어떠한지 알아낸다. 거기에서 벌어진 중요한 사건과 줄거리를 바탕으로 지은이가 나타내려고 하는 중심 생각(주제)을 파악한다. 그리고 나의 생각과 느낌을 말한다. 우리가 문학 작품(시, 소설, 희곡 따위)을 읽을 때에 내용을 자기의 마음이나 삶과 관련지어 보이는 태도를 지니는 것이 좋다. 우리는 이야기 작품 속에서 만나는 인물을 통하여 자신을 돌아보기도 하고, 미래와 앞길을 발견하기도 한다.

| **낱말 풀이**
- 이미지(image, 心象): 언어에 의해 마음속에 그려지는 사물의 감각적인 모습.
- 상상력(想像力): 실제로 겪지 않은 현상이나 사물에 대하여 마음속으로 그려보는 힘.
- 창의력(創意力): 새롭고 독창적이고 쓸모 있는 것을 만들어내는 힘.
- 구성(構成, plot): 여러 요소들을 서로 떼려야 뗄 수 없는 관계로 늘어놓거나 차례대로 쓰는 일.

- 구조(構造): 부분이나 요소가 어떤 전체를 짜 이룸. 또는 그렇게 이루어진 얼개.
- 갈등(葛藤): 칡과 등나무가 서로 얽히는 것처럼 인물들 사이 또는 환경과의 맞섬이나 부딪힘.
- 절정(絶頂): 산의 맨 꼭대기. 펼쳐지는 이야기에서 갈등이 가장 높이 이르는 상태.
- 긴장감(緊張感): 서로의 관계가 평온하지 않아 떨리는 마음 상태.
- 해소(解消): 벌어진 일이나 문제가 되는 상태를 해결하여 없애버림.
- 여운(餘韻): 어떤 일이 끝난 뒤에 아직 가시지 않고 남아있는 느낌이나 정취.

≪ 익힘 문제 ≫

※ 글을 읽고 내용을 파악해 봅시다.

1. 무엇을 설명하는 글인가?

> 맑은 가을 하늘에 잠자리가 날아다닙니다. 잠자리의 배는 굵은 나뭇가지를 닮았습니다. 날개는 얇은 그물처럼 생겼습니다.

☞ '잠자리'를 관찰(사물을 있는 그대로 살펴봄)한 내용을 쓴 글이다. 세 개의 문장으로 잠자리의 배와 날개의 모습을 그림으로 보여주듯이 비유하여 설명하였다.

2. 이 글의 중심 낱말은 무엇인가?

> **개미**
>
> 개미들이 줄지어 가는 것을 보았다. '어디로 가는 것일까?' 개미를 따라가 보니 하나의 구멍으로 들어갔다. 새집으로 이사를 가나? 개미 여러 마리[85]가 줄지어 움직이는 모습이 참 신기했다.

☞ 제목이 '개미'다. 네 개의 문장으로 개미를 관찰하고 움직임과 그 느낌을 쓴 글이다. 가장 많이 나오는 낱말 '개미'가 내용을 알려주는 중심 낱말(핵심어)이다. 글의 제목을 중심 낱말로 정하였다.

3. 무엇에 대하여 설명하는 글인가?

> 우리 마을에 사는 사람들의 직업은 여러 가지입니다. 길거리의 쓰레기를 치우시는 환경미화원이 있습니다. 예쁘게 머리를 다듬어주시는 미용사가 있습니다. 불이 나면 기다란 호수로 물줄기를 쏘아 불을 꺼주시는 소방관도 있습니다. 그림을 그리시는 화가도 있습니다. 몸이 아플 때 우리를 치료해 주시는 의사도 있습니다.

---

85 ※ 더 읽을거리 '셈의 단위를 나타내는 말' 보기.

☞ '직업의 종류'에 대해 설명한 글이다. '직업(먹고살기 위하여 하는 일)'이 중심 낱말이다. 환경미화원, 미용사, 소방관, 화가, 의사 모두 아우르는 말이 '직업'이다. 위의 글은 첫째 문장이 중심 문장이고, 그것을 다섯 개의 뒷받침 문장들이 떠받치고 있다.

4. 글쓴이의 의견은 무엇인가?

> 나는 운동을 열심히 합니다. 아침에 일찍 일어나 체조를 합니다. 오후에는 친구들과 함께 축구를 합니다.
> 나는 운동을 열심히 하는 것이 좋다고 생각합니다.

☞ '운동'에 대한 자기의 생각을 쓴 글이다. 앞에는 '사실'을 쓰고, 뒤에는 '의견'을 나타내었다.(사실+의견) '운동을 열심히 하는 것이 좋다.'가 글쓴이의 의견이다.

5. 내용에 알맞은 제목은 무엇인가?

> 학교에서 급식을 먹을 때 자신이 좋아하는 음식만 골라 먹는 친구들이 있습니다. 그런데[86] 좋아하는 음식만 골라 먹으면

---

[86] ※ 더 읽을거리 '문장과 문장을 이어주는 말' 보기.

건강이 나빠질 수 있습니다. 자신의 건강을 생각해서 음식을 골고루 먹었으면 좋겠습니다.

☞ 글쓴이가 말하고자 하는 생각은 무엇일까? 글을 쓴 의도(무엇을 하고자 하는 생각이나 계획)는 친구들에게 나의 생각이나 의견을 알아차리고 따르게 하려는 데 있다. 제목은 글에서 가장 중심이 되는 내용이 잘 드러나야 한다. 주장하는 글은 대부분 글쓴이가 하고 싶은 말을 제목으로 붙인다. 이 글은 '사실'과 '의견/주장'의 짜임으로 이루어졌다. 글쓴이가 하고 싶은 말이 드러난 곳이 마지막 문장이다. 왜 그렇게 생각하는지 먼저 사실을 말하고 마지막에 의견을 드러내었다.

내용을 한 문장으로 간추리면? 건강을 위해 음식을 골고루 먹읍시다. 알맞은 제목은? 말하고자 하는 내용과 목적이 잘 드러난 '음식'으로 제목을 정하는 것이 좋겠다. '건강과 음식', '음식을 골고루 먹자.'라는 제목도 가능하다.

6. 이 글의 중심 생각은?

친구를 잘 사귀려면 친절하고 너그러운 마음씨를 가져야 한다. '가는 말이 고와야 오는 말이 곱다.'라는 속담이 있다. 우리는 말을 할 때 바르고 고운 말을 써야 한다. 화가 나도 친구에게 욕을 하지 않는다. 친구가 잘한 일에 칭찬을 한다. 잘못했으면 '미안하다.'라고 사과한다. 상황에 따라 "미안해!", "내가 잘못했어.", "사랑해!", "고마워!", "축하해!"라고 하면 서로 기분이 좋아진다.

☞ 글쓴이가 말하고자 하는 중심 생각은 무엇인가? '친절하고 너그러운 마음씨를 갖자.'이다.

※ 무엇을 설명하거나 주장하는지 생각하며 주요 내용을 찾아보고 물음에 답해봅시다.

7-1.

추석 명절

추석은 온 가족이 모이는 명절입니다. 곳곳에 사는 친척들이 집으로 옵니다. 오랜만에 만난 가족은 도란도란 이야기를 나누며 음식을 만듭니다. 햇과일과 햇곡식으로 만든 음식은 정성스럽게 차례상에 올리고 가족과 나누어 먹습니다.

☞ 이 글은 네 개의 문장이 뭉쳐 하나의 문단을 지었다. '추석은 온 가족이 모이는 명절입니다.'가 중심 문장이다. 나머지 뒷받침 문장들은 여러 가지 자세한 사실로 첫째 문장을 돕고 있다. 이 글의 중심 낱말은 '추석 명절'이다.

7-2.

뿌리를 먹는 채소

뿌리를 먹는 채소는 우리 몸을 튼튼하게 합니다. 뿌리를 먹는 채소에는 무, 고구마, 당근, 우엉 등이 있습니다.

무는 기침감기에 도움이 됩니다. 고구마는 소화가 잘됩니다. 또 당근에는 눈에 좋은 영양소가 매우 많습니다. 우엉을 먹으면 변비에 잘 걸리지 않습니다.

☞ '뿌리를 먹는 채소'는 두 개의 문단으로 이루어진 글이다. 첫째 문단이 중심 내용이고, 둘째 문단은 채소들을 좀 더 구체적으로 자세하게 설명하고 있다. 두 개의 문단이 동떨어진 것이 아니라 서로 관계를 잘 맺고 있다.

[사실과 의견] 글쓴이가 하고 싶은 말은? 뿌리를 먹는 채소는 우리 몸을 튼튼하게 합니다.

[낱말의 관계] 중심 낱말은? 채소 ※ 채소는 '무, 고구마, 당근, 우엉'을

아우르는 말이다.[87]

7-3.

> 인간은 사회적인 동물입니다. 나 혼자가 아닌 남들과 어울려 살아가야 합니다.
>
> 세상에는 많은 규칙이 있습니다. 규칙은 여러 사람이 다 함께 지키기로 약속한 것이기 때문에 지키지 않는다고 해서 죄가 되는 것은 아닙니다. 그러나 <u>그것</u>을 잘 지키면 편리하고 안전해서 좋습니다. 예를 들어, 길을 걸을 때나 계단을 오르내릴 때에는 오른쪽으로 걷는다는 규칙이 있습니다. <u>이것</u>을 어기면[88] 오고가는 사람들끼리 부딪히는 일이 많아질 것이고, 다치거나 넘어지는 사람들도 늘어날 것입니다. 따라서 우리 모두 규칙을 잘 지킵시다.

☞ 자기의 생각 곧 주장을 펼친 글이다. 규칙을 지키면 좋은 점이 무엇일까? 규칙을 어기면 어떻게 될까? 하고 싶은 말은 마지막 문장에 나와

---

[87] '채소'는 무, 배추, 상추, 고구마, 당근, 우엉 등을 가리키는 말이다. 온갖 푸성귀를 뜻하는 '채소'를 낱말과 낱말의 관계에서 상의어(上義語)라고 한다. ※ 더 읽을거리 '낱말의 관계 2: 상의어와 하의어' 보기.

[88] ※ 더 읽을거리 '낱말의 관계 1: 반대말과 상대어'를 익혀 어휘력을 늘려봅시다.

있다. '우리 모두 규칙을 잘 지킵시다.'가 중심 내용이다. 그리고 중심 낱말은 '규칙'이다.

[**지시어**] 글에서 가리키는 말[89] '그것'과 '이것'이 지시하는 내용은 무엇인가? 규칙

[**글을 쓴 목적**] 글쓴이가 글을 쓴 까닭은? '편리하고 안전한 생활을 위해 규칙을 지켜야 한다.'라는 의견을 내세우기 위해서다.

7-4.

> 요즘 우리 반 교실이 매우 지저분합니다. 교실 바닥에 쓰레기가 점점 많아지고 있습니다. 우리가 사용하는 교실이 지저분하면 기분도 나쁘고 공부하는 데 집중도 잘 안 됩니다. 깨끗한 교실을 만들기 위해 앞으로 교실의 쓰레기는 쓰레기통에 버립시다.
>
> – 민국이가

☞ 교실 게시판에 붙어 있는 '알림 글'이다. 민국이가 하고 싶은 말이 무엇

---

[89] '이것', '그것', '저것'과 '여기', '거기', '저기' 등을 '지시어(指示語, 어떤 말을 가리킬 때 쓰이는 말)'라고 한다. 지시어는 앞 문장에서 말한 내용을 가리키는 낱말로 반복을 피하고 문장과 문장을 긴밀하게 연결해 준다. 그래서 지시어가 무엇을 가리키는지 생각하며 글을 읽어야 한다. 문장들 사이에서 지시어가 가리키는 내용은 대부분 지시어 앞에 나온다. 글을 쓸 때에도 지시어를 적절하게 사용해야 문장이 한층 간결해진다.

인지를 알아본다. 글을 읽을 때에는 글쓴이가 하고 싶은 말과 왜 그러한 말을 했는지를 찾아보면 내용을 이해하기가 쉬워진다.

[**글을 쓴 목적**] 민국이는 왜 교실의 쓰레기를 쓰레기통에 버리자고 했나? 깨끗한 교실을 만들기 위해서다.

7-5.

나는 (　　　　　　)고 생각합니다. 다른 사람의 도움을 받다 보면 혼자의 힘으로 숙제를 할 수 없습니다. 자기 힘으로 숙제를 하면 스스로 공부하는 능력이 생깁니다. 자기 일은 스스로 [차자서] 해야 합니다.

◎ 글쓴이가 말하고자 하는 생각이 무엇인지 (　) 안에 들어갈 알맞은 문장은? "숙제를 스스로 해야 한다."
◎ 알맞은 제목은? 숙제
◎ [차자서]를 맞춤법에 맞게 고쳐 쓰면? 찾아서 ※ 기본형 '찾다'[← 찾(다)-아서]

8. 글을 읽고 물음에 답해봅시다.

> 우표는 나라마다 다릅니다. 사람들은 멋있고 아름다운 우표를 만들기 위하여 노력합니다.
>
> 우리가 흔히 보는 우표는 작고 네모난 모양입니다. (　　　) 길쭉한 우표, 둥근 우표, 동물이나 물건의 모양을 본뜬 우표도 있습니다.
>
> 우표에는 여러 가지 내용이 들어갑니다. 우리는 우표에서 훌륭한 인물, 월드컵과 같은 큰 행사, 사라져가는 동물이나 식물 등을 볼 수 있습니다.
>
> 나라마다 우표의 모양이나 내용이 <u>틀리기</u> 때문에, 여러 나라의 우표를 모으면 그 나라에 대하여 더 잘 알 수 있습니다.

◎ 이 글은 몇 개의 단락(문단)으로 이루어졌는가? 네 개
◎ (　)에 들어갈 이어주는 말은?[90] 그러나
◎ 밑줄 친 '틀리기'를 바른 말로 고치면? 다르기
◎ 중심 낱말(핵심어)은? 우표
◎ 글의 중심 내용은? 우표의 모양과 거기에 담긴 내용 그리고 우표를 모으면 좋은 점

---

[90] ※ 더 읽을거리 '문장과 문장을 이어주는 말' 보기.

◎ 알맞은 제목은? 여러 나라의 우표

9. 가리키는 말(지시어)에 주의하며 '고마운 나무'를 읽고 내용을 알아봅시다.

① 나무는 우리에게 많은 혜택을 줍니다.
② 나무는 공기를 '맑게' 합니다. 그것이 많은 곳은 공기가 '맑습니다'. 산에 나무가 많으면 홍수나 가뭄을 막을 수도 있습니다.
③ 나무가 주는 혜택은 이것만이 아닙니다. 나무는 종이를 만드는 데에도 쓰입니다. 우리가 보는 이 책도 종이로 만들었습니다.
④ (   ) 산에 나무가 없다면 우리는 많은 불편을 겪을 것입니다. 나무가 주는 혜택을 누리기 위하여 우리는 꾸준히 나무를 심고 가꾸어야 합니다.

◎ 글 ②에서 '그것'이 가리키는 내용은? 나무
◎ 글 ③에서 '이것'이 가리키는 내용이 담긴 단락은? ②
◎ 중심 단락은? ①

[문장의 호응 관계; 조건] 밑줄 친 '없다면, 겪을 것이다'와 어울려 쓰일 (   ) 안의 낱말은? 만약/만일

[발음] ②에서 '맑게'와 '맑습니다'를 소리 나는 대로 적으면? [말게], [막씀니다]

[사실과 의견] 글쓴이의 '의견'이 담긴 단락은? ④

[지식] ②단락의 '나무는 공기를 맑게 합니다.'를 좀 더 자세하게 설명하면? 나무는 공기 중의 이산화탄소(온실가스)를 냠냠 먹고 그 대신에 깨끗한 산소를 만들어낸다.

10. 글을 읽고 물음에 답해봅시다.

> 준비물을 되는대로 책가방 속에 집어넣고 은수는 버스 정류장으로 달려갔다. 허겁지겁 교문을 들어서니, 운동장에는 이미 아무도 없었다.

◎ 누가 버스 정류장으로 달려갔나? 은수

◎ 허겁지겁 운동장에 들어선 사람은 누구인가? 은수

[추론 능력] '운동장에 아무도 없었다.'는 것은 무슨 일을 뜻하는가? 벌써 수업이 시작되어 학생들이 모두 교실로 들어갔다.

[읽은 후 반응] 등장인물의 마음 상태와 앞으로의 다짐은? 초조하다(불안하거나 애태우며 마음을 졸이다). 아침에 일찍 일어나야겠다.

11. 글을 읽고 물음에 답해봅시다.

식물의 꽃에서 수술의 꽃가루가 암술머리에 옮겨 붙는 일을 꽃가루받이(수분)라고 한다. 꽃은 꽃가루받이가 이루어져야 열매(씨)를 맺을 수 있다.

번식이란 씨가 자라서 새로운 생물체가 되는 것을 말한다. 하지만 꽃은 꽃가루를 옮기려면 누군가의 도움을 받아야 한다. 바람, 곤충, 새 또는 사람의 손이 이 꽃에서 저 꽃으로 옮기며 꿀도 모으고 식물의 꽃가루받이를 도와 식물이 번식을 하고 열매를 맺도록 돕는다. 꿀벌이 없으면 많은 식물이 번식할 수 없어 식물의 수가 줄어든다. (   ) 요즘 살충제 사용과 기후 변화로 꿀벌이 점점 사라지고 있다고 하니 걱정이다.

◎ 설명하는 글인가, 주장하는 글인가? 주장하는 글
◎ (   )에 들어갈 이어주는 말은? 그런데
◎ 알맞은 제목은? 꿀벌의 중요성. 꿀벌 보호의 중요성.

12. 「양치기 소년과 늑대」를 소리 내어 읽고 주제를 말해봅시다.

어느 날 소년이 "늑대요! 늑대가 나왔어요!" 하고 외쳤다. 소년의 말을 듣고 우르르 나타났던 마을 사람들은 속았다는 것을 알고 크게 화를 내며 돌아갔습니다. 양치기 소년은 거짓말로 사람들을 골탕 먹인 것이 재미있어서 혼자 낄낄낄 웃었습니다.

그런데 며칠 뒤, 양 떼 뒤로 어두운 그림자가 보였습니다. 양치기로서 양들의 안전을 확인해야 하는 소년은 그쪽으로 다가갔다가 깜짝 놀랐습니다. 이번에는 정말로 늑대가 나타난 것입니다.

소년은 힘껏 외쳤습니다.

"늑대다! 늑대가 나타났다!"

하지만 마을 사람들은 믿지 않았습니다. 아무리 애타게 불러도 마을 사람들은 아무도 나타나지 않았습니다. 양치기 소년은 엉엉 울면서 자신의 행동을 후회하였습니다.

☞ 인물의 생각이 잘 드러난 부분이 어디인가? 이야기에서 일어난 중요한 사건이 무엇인지를 찾아보고, 인물의 말과 한 일을 바탕으로 주제를 알아본다.

주인공은 양치기 소년이다. 소년의 말이나 행동을 살펴 중심 내용이 무엇인지를 생각한다. 일이 일어난 시간(어느 날 - 며칠 뒤 - 이번에는)을 살펴보면 겪은 일의 차례를 알 수 있다. 양치기 소년과 늑대 또는 마을 사람들과의 갈등을 그린 이야기의 절정은 '정말로 늑대가 나타난 것'

으로 긴장감이 높다. 글의 숨겨진 뜻은 '정직해야 한다.'다. 그리고 중심 낱말이 '거짓말'임을 알면, 주제가 '거짓말을 하지 말자. 거짓말을 하면 벌을 받는다.'라는 것을 알아낼 수 있다.

띄어
읽기

글을 쓸 때 뜻을 제대로 전달하기 위하여 띄어쓰기[91]를 해야 한다. 읽을 때도 알맞은 곳에서 띄어 읽어야 글 내용을 바르게 받아들일 수 있다. 글을 띄어 쓰고 읽어야 하는 까닭은 같은 말이어도 문장 부호나 띄어쓰기에 따라 내용이 달라지기 때문이다.

예를 들면,

1. *"나물좀줘."

2. "나 물 좀 줘."(마실 물을 주세요.)

3. "나물 좀 줘."(나물 반찬 좀 주세요.)

---

[91] 가장 기본적인 띄어쓰기 원칙은 조사나 어미는 앞말에 붙여 쓰고, 의존명사는 앞말과 띄어 쓴다는 것이다. '조사'는 홀로 쓰이지 못해 앞말에 붙여 쓴다.(꽃+이, 꽃+을, 꽃+만, 꽃+밖에, 꽃+이다) 그리고 동사나 형용사의 어간에 딸리는 어미도 붙여 쓴다.(깊-다, 깊-어, 깊-고, 깊-은) 의존명사는 자립성이 없어 다른 낱말의 꾸밈을 받아야만 쓰일 수 있는 명사(수, 것)로 띄어 쓴다.(할 수 있다. 갈 것이다) ※ 띄어쓰기를 정확하게 하려면 사전에 실린 표제어(올림말) 단위 곧 낱말대로 띄면 된다. '온데간데없이 사라지다; 보잘것없을걸'에서 '온데간데없다/ 보잘것없다'가 사전에 등재된 하나의 낱말이므로 붙여 쓰는 것이 맞다. 그러나 '온 데 간 데가 없다; 보잘 것이 없게 되었다'에서는 각각 조사 '가/이'가 들어가면서 낱말별로 띄어 쓴 것이다.

☞ 문장 1은 띄어쓰기를 하지 않아 무슨 뜻인지 알 수가 없다. 2와 3은 어디에서 띄어 쓰느냐에 따라 뜻이 달라진 경우다.

1. *우리가정은넉넉합니다.
2. 우리 가정은 넉넉합니다.(우리 집은 살림에 여유가 있습니다.)
3. 우리가 정은 넉넉합니다.(우리 사이에 친근한 마음이 넘쳐납니다.)

※ 문장 1은 띄어쓰기를 하지 않아 무슨 뜻인지 알 수가 없다. 2와 3은 어디에서 띄어 쓰느냐에 따라 뜻이 달라진다.

띄어 읽기에 따라 뜻이 달라지는 용례

◎ "어서[92] 들어가자." - 빨리 (안으로) 들어갑시다.
◎ "어서 들어가,∨자." - 빨리 (안으로) 들어가서 잠을 자야지.
◎ "어서 들어.∨가자!" - 빨리 (물건을) 들고 갑시다!

◎ 무당벌레∨가방에∨들어갔습니다. - 무당벌레가 들어간 곳은 어디일까? 가방
◎ 무당벌레가∨방에∨들어갔습니다. - 무당벌레가 들어간 곳은

---

[92] '어서'는 '서둘러. 지체 없이 빨리'라는 의미거나 반갑게 맞아들이거나 간절히 권하는 말(어서 오십시오)이다.

어디일까? 방

◎ 오늘∨밤나무∨사∨온다. - 사는 물건 '밤나무'
◎ 오늘∨밤∨나무∨사∨온다. - 사는 물건 '나무'
◎ 오늘∨밤∨나∨무∨사∨온다. - 사는 물건 '무'

◎ "나∨가지∨않아." - 나는 가지 않겠다.
◎ "나가지∨않아." - 밖으로 나가지 않겠다.

◎ "언니,∨집에∨가요." - 언니와 함께 집에 가자고 말하다.
◎ "언니∨집에∨가요." - 언니가 사는 집에 갑니다.

◎ "어제같이∨놀았어요." - 어제처럼 놀았어요.('같이'는 '처럼', '그 정도로'를 뜻하는 조사)
◎ "어제∨같이∨놀았어요." - 어제 함께 놀았어요.('같이'는 '함께'를 뜻하는 부사)

◎ "너∨잘∨사는구나."(평안함)
◎ "너∨잘사는구나."(부유함)

띄어 읽는 방법

글을 읽을 때에 뜻이 잘 드러나게 알맞은 자리에서 띄어 읽어야 한다. 글의 내용을 곰곰이 생각해 가며 띄어 읽어야 할 곳이 어디인지 알아본다.

한 문장은 앞부분과 뒷부분으로 나누어 읽는다. '누가(무엇이)' 다음에 V(쐐기표)를 하고 조금 쉬어 읽는다. '누가(무엇이)'에 해당하는 말의 앞부분이나 뒷부분이 길면 한 번 더 쉬어 읽는다. 쉼표가 나오는 곳에서도 띄어 읽는다. 그리고 문장이 끝나는 곳과 문장과 문장 사이에는 ⌵(겹쐐기표)를 하고 한 번 더 쉬어 읽어야 한다.

- ◎ 무궁화 꽃이V활짝 피었습니다.⌵무궁화 꽃은V우리나라 꽃입니다.⌵
- ◎ 수컷 사슴벌레는V큰턱을 가지고 있어요.⌵큰턱 옆에는V더듬이도 있어요.⌵
- ◎ 나무 위에서 마주 선V수컷 사슴벌레는V큰턱을 맞대고V상대를 밀어붙여요.⌵
- ◎ 강아지 이름은V복실이예요.⌵복실이는 조그맣고,V따뜻하고,V간지러워요.⌵
- ◎ "누나,V내 크레파스 써도 돼!"⌵
  "그래?⌵그럼 복실이랑 놀아도 돼!"⌵

◎ 오빠는∨방으로 들어갔다. 나와 엄마는∨줄넘기를 하였다.
◎ 나는∨별나라 친구들에게∨재미있는 옛날이야기를∨들려주고 싶어요. 별나라 친구들은∨옛날이야기를∨아주 좋아할 거예요.

알맞은 목소리로
이야기 읽기

상황에 알맞은 낭독

　말을 할 때에 목소리는 빠르기, 세기, 높낮이를 달리해 낼 수 있다. 글을 읽을 때에도 글쓴이의 마음을 짐작하여 상황에 알맞은 목소리로 읽어야 내용을 눈으로 직접 보는 것처럼 실감 나게 이해할 수 있는 것이다.

　낱말이나 글을 빠르고 정확하게 적절한 억양(음높이의 변화)과 표현을 가지고 유창하게 소리 내어 읽도록 연습한다.

| **낱말 풀이**　－ 상황(狀況): 일이 되어가는 형편이나 모양. 어떤 일의 그때 모습이나 형편.
　　　　　　－ 유창하다: 말을 하거나 글을 읽는 것이 물 흐르듯이 거침이 없다.

　[화남] 강하고 큰 목소리로 성질을 내며 빠르게 말한다.
　"내가 구덩이에 빠진 건 모두 너 같은 사람 때문이야."

"냄새 맡은 것도 국밥을 먹은 것이나 마찬가지야."

"너, 제대로 사과 안 해?"

[**궁금함**] 보통 물어보듯이 말끝을 올리며 말한다.

"이게 도대체 뭐지?"

[**슬픔**] 울먹이는 낮은 목소리로 천천히 말한다.

"엄마, 동생이 많이 아픈가 봐요."

[**놀람**] 빠르고 높은 목소리로 큰일이라는 듯이 말한다.

"에구머니, 이게 뭐야?", "내가 소가 되었다고?"

[**간절함**] 다급함이 느껴지는 떨리는 목소리로 사정을 하며 애원하듯이 말한다.

"하느님, 저희를 살리시려거든 굵은 밧줄을 내려주세요."

"나무꾼님! 사냥꾼이 쫓아와요. 제발 저를 숨겨주세요."

[**고마움**] 분명한 목소리로 고마운 마음이 드러나게 말한다.

"나무꾼님, 목숨을 구해주셔서 고맙습니다."

"친구야, 도와줘서 고마워."

마음을 표현하는 낱말 익히기

이야기를 읽고 인물의 마음이 드러난 부분을 찾아 그 상태를 알아본다. 등장인물의 마음은 그가 하는 말이나 행동, 표정, 모습 그리고 그런 마음이 든 상황이나 까닭이 나타난 장면을 살펴보면 알 수 있다. 내 경험을 떠올리며 글을 읽으면 글쓴이의 마음을 짐작하는 데 도움이 된다.

　말하기와 문장을 쓸 때에 그런 마음이 든 상황이나 까닭을 함께 표현한다.

　"새 장난감이 생겨서 기뻐요.", "친구가 약속을 지키지 않아서 화나요.", "넘어져서 아프고 속상해요."처럼 '어찌해서(기분이 드는 까닭) + 어때요(기분을 나타내는 말)'의 짜임으로 말을 하거나 문장을 쓴다.

　마음이나 기분을 나타내는 말에 대하여 알아봅시다.

◎ 행복해요(생활에서 충분한 만족과 기쁨을 느끼어 흐뭇하다.) – 즐거워요/기뻐요 ↔ 불행해요

◎ 질투 나요 – 샘나요(탐내거나 미워하는 마음이 생기다.)
　예) 친구가 나보다 달리기를 잘해서 질투 나요.

◎ 무서워요 – 두려워요/겁나요(무섭거나 두려운 마음이 생기다.)

◎ 놀라워요(갑자기 무서움을 느낄 만하다. 장하고 갸륵하다.)

◎ 슬퍼요 – 서러워요 ↔ 기뻐요 – 즐거워요(마음에 거슬림이 없이 흐뭇하고 기쁘다.)

◎ 화나요 – 못마땅해요(마음에 들지 않다.)/속상해요(화가 나거나 걱정이 되어 마음이 불편하다.)

◎ 후련해요(마음에 맺혔던 일이 풀리어서 시원스럽다.) – 시원해요

- ◎ 우울해요(걱정으로 마음이 답답하고 밝지 못하다.)
- ◎ 사랑해요 ↔ 미워해요/미워요(어떤 사람이 마음에 들지 않고 거슬리다.)
- ◎ 신나요(흥이 나서 기분이 좋아지다.)
  예) 신나서 춤을 추어요.
- ◎ 부끄러워요(떳떳하지 못하다. 수줍다.) ↔ 뻔뻔해요(부끄러운 짓을 하고도 염치없이 태연하다.)
- ◎ 고마워요 - 감사해요(고맙게 여기다.)
- ◎ 부탁해요(어떤 일을 해달라고 청하거나 맡기다.)
- ◎ 안타까워요(남의 고통이나 딱한 처지 등을 보니 답답하다. 조바심이 나고 답답하다.)
- ◎ 당황스러워요(다급하여 어찌할 바를 모르다. 놀라서 어리둥절하다.)
- ◎ 어리둥절해요(무슨 영문인지 잘 몰라서 얼떨떨하다.)
- ◎ 힘들어요(힘이 쓰이는 면이 있다. 어렵거나 곤란하다. 마음에 쓰이거나 수고가 되는 면이 있다.)
- ◎ 설레요(마음이 가라앉지 않고 들떠서 두근거리다.)
  예) 내일 생일날이어서 가슴이 설레요.
- ◎ 심심해요(지루하고 따분하다.)
  예) 토요일, 일요일 모두 심심해요.
- ◎ 외로워요(홀로 되거나 기댈 데가 없어 쓸쓸하다.)
- ◎ 자랑스러워요(남에게 자랑할 만하여 마음이 흐뭇하다.)

◎ 불쌍해요(가엾고 애처롭다.)/가여워요/딱해요(사정이나 처지가 애처롭고 가엾다.)

◎ 흐뭇해요(마음에 넉넉하여 푸근하다. 마음에 흡족하다.) - 만족해요/흡족해요

◎ 상쾌해요(기분이 아주 시원하고 거뜬하다.)
 예) 오늘 아침 기분이 상쾌해요.

◎ 포근해요(감정이나 분위기가 따뜻하게 감싸주는 느낌이 있다. 아늑하고 편안하다.)

◎ 뿌듯해요(기쁨이나 감격이 마음에 가득 차서 벅차다)/벅차요
 예) 내가 준비한 선물을 받은 어머께서 기뻐하셔서 뿌듯했어.

◎ 미안해요/괜찮아요(별로 나쁘지 않고 보통 이상이다.)

◎ 긴장돼요(마음을 조이고 정신을 바짝 차리다.) - 떨려요

◎ 후련해요(마음에 맺혔던 일이 풀리어 시원하다.)

◎ 부러워요(자기도 그와 같은 마음이 있다.) - 탐나요(가지거나 차지하고 싶은 마음이 생기다.)

◎ 서운해요(마음에 모자라 아쉽거나 섭섭함을 느끼다.)

◎ 섭섭해요(잃거나 헤어지게 되어 아깝고 서운하다.)
 예) 친구가 전학을 가니 섭섭해요.

◎ 끔찍해요(몹시 놀랄 만큼 참혹하다.)

◎ 만족해요 - 흡족해요(조금도 모자람이 없을 정도로 넉넉하여 만족하다.)

- 유쾌해요 ↔ 불쾌해요(못마땅하여 기분이 좋지 아니하다.)
- 공평해요(어느 한쪽에 치우치지 않고 공정하다.) ↔ 불공평해요
- 억울해요(애먼 일이나 불공평한 일을 당하여 속상하고 분하다.)
- 뉘우쳐요(자기 잘못을 깨닫고 마음속으로 스스로 꾸짖다.)
- 언짢아요(마음에 들지 않거나 기분이 좋지 않다.)
- 좋아요 ↔ 싫어요
- 신기해요(믿을 수 없을 정도로 색다르고 놀라워요.)
- 궁금해요(무엇을 알고 싶은 마음이 몹시 답답하고 안타까워요.)
- 엄청나요(짐작이나 생각보다 정도가 아주 심하다.)
- 홀가분해요(거추장스럽지 않고 가뿐하다.)

   예) 숙제를 마치고 나니 홀가분해요.

시 읽고
감상하기

어떤 글을 '시'라고 하나? 시는 자신의 마음 곧 느낌이나 생각을 가락(운율, 리듬)을 지닌 말로 나타낸 글이다. 흉내 내는 말을 사용하거나 낱말과 문장을 반복하여 운율을 맞춤으로써 강한 이미지를 만들어낸다. 이미지는 비유가 뒷받침되어야 보다 풍부하고 구체적인 시적 상황을 얻어낼 수 있기 때문이다.

시에서 가락을 중요하게 여기는 것은 말을 가락에 맞춘 옛시조 등 전통적인 노래와 노랫말에 연관성이 있어서다.[93] 아이들이 시를 재미있게 여기는 것도 되풀이되는 리듬감 때문이다. 이와 같이 시 작품은 다른 글(설명문, 논설문, 이야기)보다 짧고 간결하여 곡조(멜로디)를 붙이면 노래로 부를 수 있다.

지은이는 사물을 본 대로 느낀 대로 나타낸다. 노래를 부르고 모습을 그림 그리듯이 쓴다. 이를 묘사라고 부른다. 흉내 내는 말을 사

---

[93] 동시(童詩)를 제외한 일반적인 현대시 작품은 '노래하는 시'에서 생각하고 느끼고 보고 지각하는 기능을 갖춘 '생각하는 시'로 바뀌어 리듬이 전처럼 절대적일 수는 없게 되었다.

용하여 소리나 모습을 있는 그대로 나타내기도 한다. 대상을 직접 설명하지 않고 다른 것에 빗대어 빙 둘러 비유적으로 표현한다.[94] 또 사람이 아닌 사물을 마치 사람인 것처럼 표현하는 '의인법(擬人法)'도 있다. 감정이입(感情移入)은 사물에 자신과 같은 감정을 가지고 있는 듯이 느끼는 표현 방법이다.[95]

시를 읽을 때는, 시의 내용을 생각하고 시 속 인물(시적 화자, 시 속에서 말하는 사람)의 마음을 상상하며 장면을 떠올려본다. 자신의 경험을 생각하며 나의 마음을 대신 말해주는 표현을 찾아본다. 시 속 인물과 비슷한 경험을 되살려가며 감상한다. 시적 화자의 정서를 파악하는 것이 중요하다. 시 작품의 제목은 거의 글감(소재)으로 붙여놓았음을 알아두면 감상하는 데 도움이 될 것이다.

---

[94] 어떤 현상이나 사물을 직접 설명하지 않고 그와 비슷한 다른 현상이나 사물에 빗대어 말하는 것을 비유(比喩)라고 한다. '내 마음은 호수다.'에서 보이지 않는 '마음'을 보이는 '호수'에 비교하여 나타내었다. 글쓴이는 무엇인가를 어딘가에 비유할 때 비유적인 언어를 사용하여 이미지를 만들어낸다. 이미지는 비유가 뒷받침되어야 보다 풍부하고 구체적인 시적 상황을 얻어낼 수 있기 때문이다.
비유에는 직유(直喻: 내 마음은 호수 같다)와 은유(隱喻: 내 마음은 호수)가 있다. 직유란 '~같은, ~처럼'의 낱말을 사용하여 두 사물을 직접 비교하고, 은유는 사물의 본뜻을 숨기고 암시적으로 나타내는 방법이다. 이들은 '내 마음(원관념)'이 '호수(보조 관념)'와 같이 잔잔하고 고요하다를 표현한 것이다. 추상적인 '내 마음'을 숨기고 구상적인 '호수'만 드러내면 상징(象徵)이 된다. 비유는 상상력과 독창성을 불러일으키는 원천이다. 사물을 바라보는 새로운 관점을 보이기 위하여 일반적인 글에서도 비유적인 언어를 사용한다.

[95] 의인법은 사물을 마치 사람인 것처럼 표현하는 방법이다. 예를 들면 '꽃이 웃는다.', '강물이 말없이 흐른다.', '파도가 춤을 춘다.'가 있다. 감정이입이란? 자연의 대상물에 시적 화자의 감정이나 생각을 직접 불어넣어 마치 대상이 화자의 정서와 서로 통한다고 느끼는 것처럼 표현하는 방법이다. 대상과 자신의 감정이 완전하게 결합되는 것이다. '사슴은 모가지가 길어서 슬프다.', '산꿩도 서럽게 우는 슬픈 날이 있었다.' 따위가 있다. 감정이입은 예술 작품 감상에 필수적이다.

| **낱말 풀이** – 빗대다: 바로 대지 않고 엇비슷하게 둘러 넌지시 말하다.
– 묘사(描寫): 눈으로 보거나 마음으로 느낀 것 등을 객관적으로 표현함.
– 설명(說明): 지식과 정보를 상대방이 알기 쉽게 밝혀서 말함.
– 상상(想像): 머릿속으로 그려서 생각함.
– 감상(鑑賞): 시나 이야기 등의 작품을 이해하고 맛보며 즐김.
– 정서(情緖): 사람의 마음에 일어나는 여러 가지 감정. 또는 감정을 불러일으키는 기분이나 분위기.

≪ 익힘 문제 ≫

※ 시 작품을 감상하여 봅시다.

장면을 떠올리며 「아침」을 읽고 그 느낌을 이야기하여 봅시다.

아침

뚜, 뚜.
나팔꽃이 일어나래요.
똑, 똑.
아침 이슬이 세수하래요.

방긋, 방긋.

아침 해가 노래하재요.
- 김상련의 시

☞ 「아침」은 2연(행의 묶음) 6행(글의 줄)으로 이루어진 시다. 나팔꽃, 이슬, 해에 감정을 넣어 의인화(사람이 아닌 것을 사람에 비기어 표현함)하였다. '일어나래요, 세수하래요, 노래하재요'는 반복 구조로 안정감과 리듬감을 더해준다. 흉내말의 느낌을 살려 '뚜, 뚜'는 조금 크고 분명한 목소리로 읽는다. '똑, 똑'은 문을 두드리듯이 가볍게, 그리고 '방긋, 방긋'은 예쁘고 귀여운 느낌이 나게 글맛을 살려 소리 내어 읽어야 실감이 난다.

시 속 인물(시적 화자)을 떠올리며 「치과에서」를 낭송해 봅시다.

치과에서

아, 아
입을 더 크게 벌려야 하는데
으, 으
점점 입이 다물어진다.

이를 빼야 하는데

눈물이 먼저
쏙
빠진다.
- 김시민의 시

☞ 2연 8행으로 겪은 일과 느낌을 표현해 놓은 시다. 자신이 치과에 간 경험을 살려 시 속 인물과 비슷한 점을 떠올려본다. 감각적이고 생생하게 하기 위해 소리를 나타내는 말(의성어) '아아', '으으'를 사용하였다. "점점 입이 다물어진다."라고 한 까닭은 무엇일까? 무섭거나 두려운 마음이 생겨서다.

시 속 인물을 떠올리며 「섬집 아기」를 노래하듯 낭송해 봅시다. 노래를 찾아 듣고 불러봅시다.

섬집 아기

엄마가 섬 그늘에 굴 따러 가면
아기가 혼자 남아 집을 보다가
바다가 불러주는 자장노래에
팔 베고 스르르르 잠이 듭니다.

아기는 잠을 곤히 자고 있지만
갈매기 울음소리 맘이 설레어
다 못 찬 굴바구니 머리에 이고
엄마는 모랫길을 달려옵니다.
- 안인현의 시

☞ 어느 외딴 섬마을이 배경이다. 느리고 고요한 가락에 구슬픈 느낌을 준다. 시 속의 인물은 엄마와 아기다. 2연 3, 4행 '다 못 찬 굴바구니 머리에 이고/ 엄마는 모랫길을 달려옵니다.'에서 아기에 대한 엄마의 본능적인 사랑을 느낄 수 있다. 아기가 걱정되어 서둘러 집에 돌아오는 모습이 눈에 선하다. 일터에서 돈벌이로 고생하시는 엄마 생각이 나게 하는 감동적인 작품이다. 자장가로도 안성맞춤이다.

시 속 인물을 떠올리며 「퐁당퐁당」을 낭송해 봅시다. 노래를 찾아 듣고 불러봅시다.

퐁당퐁당

퐁당퐁당 돌을 던지자 누나 몰래 돌을 던지자
냇물아 퍼져라 널리널리 퍼져라
건너편에 앉아서 나물을 씻는

우리 누나 손등을 간질여주어라.
풍당풍당 돌을 던지자 누나 몰래 돌을 던지자
냇물아 퍼져라 퍼질 대로 퍼져라
고운 노래 한 마디 들려달라고
우리 누나 손등을 간질여주어라.
- 윤석중의 시

☞ 1연과 2연에서 반복되는 구절이 인상적이다. 어조(語調, 말의 가락)가 아주 경쾌하다. 작품의 배경이 맑은 시냇물 흐르는 한적한 시골 마을이다. 시적 화자는 성격이 차분하고 순박한 사내아이다. 외롭고 심심함을 달래느라 냇가에 털퍼덕 주저앉아 조약돌을 하나둘 던져본다. 건너편 누나에게 은은한 잔물결로 수줍은 신호를 보내 은근한 소통을 바라는 마음에서다.

둥글고 납작한 돌을 던져 물수제비뜨기를 한 경험을 떠올리며 낭송하고 노래를 불러본다.

겪은 일을
시로 표현하기

내가 겪은 일을 직접 시로 쓸 때에는 아름다운 말로 생각이나 느낌이 잘 드러나도록 창의적으로 표현한다. 말하고자 하는 내용을 인상 깊게 드러내어 공감의 폭을 넓힐 수 있도록 표현해야 효과적이다. 거짓 없이 솔직한 마음을 적어 읽는 이에게 감동을 주는 것이 중요하다.

긴 문장은 행을 나누어서 표현한다. 음절이 되풀이되는 낱말을 사용하여 리듬감을 살리고 생동감(살아 움직이는 느낌)을 느끼도록 쓴다. '뭉게뭉게, 덜덜덜, 콩당콩당, 꼬물꼬물'과 같은 흉내말을 넣어 소리나 몸짓을 재미있게 나타낸다. 사물에 생명을 불어넣는 방법도 있음을 생각한다. 마치 그림을 보듯이 또는 노래하듯이 읽을 수 있도록 짓는다.

시를 잘 쓰려면 남다른 관찰력이 필요하다. 대상(사물)을 세밀하게 살펴보고 말을 주고받으며 비유로써 새로운 의미를 드러내는 참신한 시적 표현은 상상력과 창의성을 기르는 데 도움을 준다.

《 익힘 문제 》

※ 글로 쓴 보고 겪은 일을 시로 바꾸어 표현해 봅시다.

[겪은 일] 흰 구름이 뭉게뭉게 피어납니다. 마치 줄을 지어 소풍을 가는 것 같습니다.
⇒ 「구름」

뭉게뭉게
피어나는 흰 구름
줄지어
소풍을 가나 봐요.

[겪은 일] 오늘 받아쓰기 시험을 봤다. 어제 연습을 많이 했는데 생각이 잘 안 났다. 두 개 틀렸다. 엄마한테 자랑하고 싶었는데 아쉽다. 다 맞은 친구가 부럽다.
⇒ 「시험」

덜덜덜 떨리는 받아쓰기
공부했는데 왜 생각이 안 날까
콩당콩당 가슴 뛰는 채점 시간

두 개나 틀렸다.
다 맞은 친구가 부럽다.

엄마한테 자랑하고 싶었는데
아쉽다.

[겪은 일] 개울가에 개구리가 알을 낳았습니다. 얼마 후, 알에서 올챙이가 나왔습니다. 올챙이는 꼬리로 헤엄을 칩니다. 올챙이가 점점 자라 뒷다리가 나왔습니다. 앞다리도 나왔습니다. 꼬리가 없어지고 뛰어다니는 개구리가 되었습니다.
⇒ 「올챙이와 개구리」

개울가에 올챙이 한 마리 꼬물꼬물 헤엄치다
뒷다리가 쑤욱 앞다리가 쑤욱 팔딱팔딱 개구리 됐네.
꼬물꼬물 꼬물꼬물 꼬물꼬물 올챙이가
뒷다리가 쑤욱 앞다리가 쑤욱 팔딱팔딱 개구리 됐네.
- 윤현진의 노랫말

[겪은 일] 내 마음속에 이런저런 생각이나 여러 가지 감정이 떠오를 때가 있다. 그때마다 글로 써놓지 않으면 떠오른 생각을 잊어버릴 것만 같다. 그래서 글말로 아름답게 옮겨 적는다.

⇒ 「속말」

내 마음

어디서 나오는지

몽글몽글 피어나요.

살짝

건져다가

글말로 만들어요.

그때그때

만들지 않으면

아지랑이 되어 사라져요.

- 이주영의 시

지난 일과
공손함 표현하기

자기가 겪은 일이나 있었던 일을 표현할 때 서술어인 동사와 형용사 어간에 '-았/었-'을 붙여 쓴다.

'별을 보다. 밥을 먹다. 물이 맑다. 일을 하다.'에서 '보다, 먹다, 맑다, 하다'는 기본형이다. 이들을 공손하게 표현할 때는 어간에 '-ㅂ니다/-습니다'를 붙여 '봅니다, 먹습니다, 맑습니다, 합니다' 꼴로 바꾼다.

이들을 지난 일(과거[96])로 나타내면 '-았/었/였-'[97]과 어울려 '보았

---

[96] 과거(지나간 때): 아까, 어제, 옛날에 있었던 일.
과거 시제: 주어가 과거에 했던 일이나 과거의 상태를 말할 때 쓰는 시제. '미래'는 앞으로 올 때를, '현재'는 지금의 시간을 뜻한다. '어제 사진을 찍었다.'는 과거, '지금 사진을 찍는다.'는 현재, '내일 사진을 찍을 것이다.'는 미래를 나타내는 문장이다. 이때 시간을 나타내는 '어제, 지금, 내일'과 시제(時制, 때매김)를 맞추어야 한다.

[97] 말하는 때보다 과거에 있었던 일을 나타내는 '-았/었/였-'을 선어말 어미라고 한다. 어말(語末, 단어의 끝) 앞에 오는 어미라는 뜻이다. '-았-'은 양성모음 'ㅏ, ㅗ'로 끝나는 말 뒤에, '-었-'은 'ㅏ, ㅗ' 이외의 음성모음 뒤에, '-였-'은 '하다' 뒤에 쓰인다. 예) 갔다[←가-았-다], 잡았다, 찾았다; 피었다, 아니었다; 하였다 따위.

다[봤다]⁹⁸/보았습니다, 먹었다/먹었습니다, 맑았다/맑았습니다, 하였다[했다]/하였습니다'가 된다.

밑줄 친 낱말의 기본형을 ① '과거 시제', ② '공손한 표현/과거 시제'로 바꿔 써봅시다.

◎ 사자가 춤을 <u>추다</u>. ⇒ ① 추었다. ② 춥니다/추었습니다.
◎ 개가 <u>달려가다</u>. ⇒ ① 달려갔다[←달려가(다)-았-다]. ② 달려갑니다/달려갔습니다.
◎ 수박을 맛있게 <u>먹다</u>. ⇒ ① 먹었다. ② 먹습니다/먹었습니다.
◎ 오후에 비가 <u>오다</u>. ⇒ ① 왔다[←오(다)-았-다]. ② 옵니다/왔습니다.
◎ 노래를 <u>배우다</u>. ⇒ ① 배웠다[←배우(다)-었-다]. ② 배웁니다/배웠습니다.
◎ 빗방울이 구슬처럼 <u>예쁘다</u>. ⇒ ① 예뻤다[←예쁘(다)-었-다]. ② 예쁩니다/예뻤습니다.
◎ 공굴리기 놀이를 <u>하다</u>. ⇒ ① 하였다(했다). ② 합니다/하였습니다(했습니다).
◎ 할머니께서 우리 집에 <u>오시다</u>. ⇒ ① 오셨다. ② 오십니다/오셨습니다.

---

[98] 준말은 본말(줄이지 않은 본디의 말)을 줄여서 나타낸 말을 뜻한다. 예) 본말 '되었다, 보았다, 주었다, 무엇을'의 준말은 '됐다, 봤다, 줬다, 무얼'이다.

◎ 오랜만에 삼촌이 우리 집에 오셔서 <u>반갑다</u>. ⇒ ① 반가웠다. ② 반갑습니다/반가웠습니다.

◎ 어머니 기일이 다가오면 어머니가 자주 해주셨던 김칫국이 <u>그립다</u>. ⇒ ① 그리웠다. ② 그립습니다/그리웠습니다.

어떤 일을 미루어 헤아리는 문장 쓰기

동사나 형용사의 어간에 '-겠-'을 붙여 앞으로의 일(미래)이나 의지, 추측, 가능성을 나타낸다. '좋다, 가다, 오다'의 어간에 붙이면 '좋겠다/좋겠습니다, 가겠다/가겠습니다, 오겠다/오겠습니다'가 된다. 이러한 문장은 자기의 생각이나 느낌을 표현할 때 사용한다.

미래를 나타낼 때에도 '가다/갈 것이다', '오다/올 것이다'처럼 서술어에 '-ㄹ 것' 등이 들어간다.

| **낱말 풀이** – 의지: 어떠한 일을 이루고자 하는 마음가짐.
　　　　　　 – 추측: 미루어 짐작함. 미래의 일에 대한 상상이나, 과거나 현재의 일에 대한 불확실한 판단을 표현하는 말. 예) 그의 추측은 어긋나지 않았다.
　　　　　　 – 가능성: 앞으로 하거나 될 수 성질. 또는 그 정도.

'-겠-'의 뜻을 알아봅시다.

- ◎ 나는 장래 수학자가 되겠다. - 의지
- ◎ 그렇게 된다면 얼마나 좋겠니? - 가능
- ◎ 그런 건 삼척동자도 알겠다. - 가능
- ◎ 앞으로 불조심을 해야겠다. - 의지
- ◎ 반드시 은혜를 갚겠습니다. - 의지
- ◎ 사흘 뒤 친구를 만나러 가겠다. - 미래
- ◎ 내일은 비가 오겠습니다. - 추측
- ◎ 미안하다고 친구에게 사과를 하겠습니다. - 의지
- ◎ 지금 출발하면 새벽에 도착하겠다. - 추측
- ◎ 곧 목적지에 도착하겠다. - 미래
- ◎ 그만한 것이라면 나도 들겠다. - 가능

겪은 일
표현하기

　제대로 글을 쓰기 위해서는 직접 겪어본 일이나 읽고 들은 일과 사물을 주의 깊게 살피는 습관이 필요하다. 겪은 일을 쓸 때는 생활 가까이에서 일어나는 '내가 한 일, 본 일, 들은 일'이 글감(쓸거리)이 된다. 글은 가치 있는 경험과 뛰어난 관찰력을 바탕으로 해야 읽는 이에게 공감을 얻을 수 있다.

　자신이 겪은 일을 말하거나 쓸 때에는 가장 기억에 남는 '인상 깊은 일'을 고른다. 그리고 '언제 - 어디에서 - 누구와 - 무슨 일'을 했는지가 분명하게 드러나야 한다. 그에 대한 자신의 생각과 느낌도 간략하게 덧붙인다. 이야기하듯 자연스럽고 솔직하게 표현하는 것이 좋다.

　여러 가지 일을 쓸 때는 시간을 나타내는 말을 사용하여 일이 일어난 차례대로 쓴다. 시간을 나타내는 말에 '아침, 점심때, 저녁, 밤, 오전, 오후, 어제, 이튿날, 가을, 옛날' 따위가 있다.[99] 겪은 일을 쓰는 대표적인 글이 일기라고 할 수 있다.

※ 글을 쓸 때 주의할 점은 무엇인가? 자신의 생각을 잘 다듬어 분명하고 확실하게 드러낸다. 무엇을 써야 할지 쓸 내용을 한 문장(주제문)으로 압축해서 생각을 선명하게 나타내야 한다. 자신이 잘 아는 내용을 짜임새를 갖추어 알맞은 길이로 쓴다.

| **낱말 풀이** – 가치: 사물이 지니고 있는 쓸모나 중요성.
　　　　　　　– 관찰력(觀察力): 사물이나 현상을 주의하여 자세히 살펴보는 능력.
　　　　　　　– 인상(印象)이 깊다: 마음속에 깊이 새겨져 잊히지 않는다.
　　　　　　　– 선명(鮮明)하다: 산뜻하고 뚜렷하여 다른 것과 혼동되지 아니하다.

문장과 문장의 관계 파악하기

1. "선생님께서 국어 시간에 글을 잘 썼다고 칭찬해 주셨어. 무척 기뻤습니다."

☞ 언제 있었던 일인가? 국어 시간. 누구와 있었던 일인가? 선생님. 어떤 일이 있었나? 글쓰기를 잘했다고 선생님께서 칭찬을 해주셨다. 느낌이 어땠나? 무척 기뻤습니다.

---

[99] ※ 더 읽을거리 '숫자와 차례: 그 밖의 낱말' 보기.

2. "연날리기를 했다. 하늘에서 떨어지지 않고 나는 것이 신기했다. 참 재미있었다."
☞ 이 글에는 언제 어디에서 누구와 있었던 일인지, 어떤 점이 왜 재미있었는지가 빠져 있다. 좀 더 자세하게 써야 할 것이다.

3. 겪은 일을 쓸 때는, 제목(서점 나들이)을 정하고 '오늘 점심때 아빠와 함께 서점에 갔다. 여러 가지 책이 많아서 신기했다. 내가 읽고 싶은 책이 있었다. 이솝 우화 동화책 한 권을 샀다.'를 쓴 다음, 있었던 일에 대한 생각이나 느낌인 '앞으로 서점에 자주 갔으면 좋겠다.'로 마무리를 한다.
☞ 앞부분에 '사실(있었던 일)'을 말하고, 뒷부분에는 '의견(생각이나 느낀 점)'을 써서 완성한 글이다.

4. ① 체육 시간에 운동장에서 친구와 줄넘기를 하였다. ② 줄넘기를 잘하는 친구가 부러웠다. ③ 나도 열심히 연습해야겠다.

5. ① 어제 우리 집 고양이가 마루 밑에 새끼를 낳았다. ② 정말 귀엽다. ③ 앞으로 건강하게 잘 자랐으면 좋겠다.

☞ 글 4와 5 모두 '사실+느낌+생각'을 쓴 글이다. 각각 ① 문장에서는 '~줄넘기를 하였다/ ~새끼를 낳았다'로 언제 어디서 누구와 일어난 일

(사실)을 말하였다. 그리고 ②는 '부러웠다/ 귀엽다'로 그때의 기분이나 느낌을, ③은 '연습해야겠다/ 잘 자랐으면 좋겠다'로 어떤 일을 미루어 헤아려보거나 이루려는 생각(다짐)을 나타낸 문장으로 무엇인가를 해야겠다는 마음가짐과 바라는 일을 각각 표현했다.

그림일기 쓰기

1. 하루 동안에 겪은 일을 차례대로 떠올리기
2. 가장 중요하다고 생각한 일로 기억에 남는 일 정하기
3. 날짜와 요일, 날씨 쓰기
4. 기억에 남는 장면을 그리고 내용 쓰기(사실+기분/느낌+다짐)
5. 쓴 것을 다시 읽고 고치고 다듬기
※ 빠뜨린 것은 없는지, 기억에 남는 일을 썼는지 확인한다.

1. 20○○년 6월 30일 금요일 날씨, 해가 쨍쨍
2. 생일잔치를 하는 모습 연상
3. ① 규리 집에서 생일잔치를 했다. 친구들이 많이 모였다. 생일 축하 노래를 부르고 통닭과 과자를 맛있게 먹었다. ② 매우 즐거웠다. ③ 내 생일도 빨리 왔으면 좋겠다. 내일은 동생을 데리고 놀아야지.

1. 날짜와 요일, 날씨
2. 생일잔치를 하는 모습 - 기억에 남는 장면을 그림으로 그린다.
3. ① 문장은 생일잔치에 있었던 일(언제, 어디에서, 누구와, 무슨 일) - 사실

    ②는 '매우 즐거웠다.' - 느낌

    ③은 있었던 일에 대한 생각. - 바람+다짐

※ '나는 어제 생일 초대를 받아 규리의 집에서 통닭을 맛있게 먹고 즐거웠다.'에서와 같이 있었던 일을 육하원칙(누가, 언제, 어디서, 무엇을, 어떻게, 왜)에 맞게 문장을 쓰는 연습이 필요하다.

편지 쓰기

편지 쓰기 방법

내가 누구에게 전하고 싶은 말을 적어 보내는 글을 편지라고 한다. 문안 편지, 축하 편지/카드, 감사 편지, 위문 편지, 초대장 등이 있다.

편지를 쓸 때는 형식(틀, 방식)에 맞게 써야 한다. '받을 사람 - 첫인사 - 전하고 싶은 말 - 끝인사 - 쓴 날짜 - 쓴 사람' 순서로 한다. 편지 봉투에 보내는 이의 주소와 받는 이의 주소를 정확하게 쓴다.

초대하는 글을 쓸 때는 받을 사람, 내용, 때(날짜, 시간)와 곳(장소), 쓴 사람을 빠뜨리지 않아야 한다. 전자 우편(e-mail)은 종이 편지 형식과 비슷하지만 앞에 전자 우편 주소, 제목과 보낸 사람이 반드시 들어간다.

영양 선생님께

영양 선생님, 안녕하세요? 저는 2학년 1반 김한결이에요.

저희를 위해 날마다 맛있는 음식을 준비해 주셔서 감사합니다. 저는

지난번에 영양 선생님께서 반찬을 잘 먹는다고 칭찬을 해주셔서 미역무침도 다 먹었어요. 급식을 먹는 게 항상 즐거워요. 정말 고맙습니다.

그럼 안녕히 계세요.

2023년 4월 22일

한결 올림

마음을 전하는 편지는 어떻게 쓸까?

◎ 편지를 쓰는 까닭을 생각하며 쓴다.
◎ 있었던 일이 무엇인지 자세히 쓰고, 그때 자신의 생각이나 느낌을 쓴다.
◎ 편지에 들어갈 내용을 빠뜨리지 말아야 한다.
◎ 알맞은 낱말을 사용하여 쓴다. 글씨는 정성을 다해서 예쁘게 쓴다.
◎ 받을 사람이 웃어른이면 쓴 사람 이름 다음에 '올림', '드림'이라고 쓰고, 친구나 동생이라면 'ㅇㅇ 씀', 'ㅇㅇ(이)가'라고 쓴다.
◎ 쓴 다음에 다시 한번 읽어보고 빠졌거나 잘못된 내용이 있으면 고친다.

편지는 읽는 사람이 정해진 글이다. 할머니, 할아버지나 엄마, 아빠의 생일 또는 기념일을 기억할 때마다 감사의 편지를 쓰도록 지도한다. 책을 읽고 등장인물에게 전하고 싶은 말을 편지 형식으로 쓰기도 한다. 편지 쓰기는 아이의 인성과 글쓰기를 한꺼번에 기를 수 있는 좋은 방법이다.

    봉투를 쓸 때 보내는 사람의 주소와 이름은 왼쪽 위에 쓰고, 받는 사람의 주소와 이름은 가운데에, 우표는 오른쪽 위에 붙인다. 그리고 우편번호를 정확하게 써야 한다.

넷째
마당

말하기와 듣기

자신 있게 말하고
주의 깊게 듣기

읽기와 듣기의 목표는 말하기와 쓰기

초등학교 1·2학년 때는 아이들 자신이 경험하는 내용을 어떤 질서나 관계에 따라 정리할 수 있는 능력을 가지는 시기다. 사물을 여러 각도에서 바라보고 옳고 그른 것을 어느 정도 가릴 수 있다. 또한 자기 중심성이 약해지고 다른 사람을 의식하는 감각도 갖게 된다. 문화에 대한 기초 기능도 배운다.

말하고 듣고 쓰고 읽기는 우리가 공유해야 하는 활동이다. 아이들은 언어로 사회화된다. 사회화의 핵심은 언어 활용 학습이다.

일상 언어생활에서 말하기와 듣기가 많은 비중을 차지한다. 이들은 동시에 이루어지는 표현-이해 활동이다. 그렇다면 왜 남의 말을 듣고 남의 글을 읽어야 하는가. 상대방의 이야기를 들어 내 생각을 말하고 쓰기 위해서다. 결국 읽기와 듣기의 목표가 말하기와 쓰기라고 할 수 있다.

말할 때에는 바른 말로 듣는 이에게 뜻을 분명하게 전달해야 한다. 여러 사람 앞에서 발표할 때에 내용을 미리 생각하고 논리적으로 정리하여 조리 있게 전달해야 한다. 지루하고 번거롭지 않게 '요점만 짧게' 말해야 듣는 사람이 쉽게 이해할 수 있다. 이야기가 매끄럽게 이어지고 생각이나 의견이 잘 드러나야 한다. 그리고 진실하게 말해야 한다. 말끝을 흐리지 말고 정확한 발음과 알맞은 크기의 목소리로 또박또박 말한다.

말할 때의 태도 또한 중요하다. 듣는 사람을 바라보며 허리를 꼿꼿이 펴고 바른 자세로 자신 있게 말해야 한다. 긴장하지 않고 자연스러운 자세로 편안하게 말한다. 몸짓말(신체어)이라고도 불리는 표정, 손짓, 몸놀림 등을 상황에 알맞게 해야 다양한 의사를 효과적으로 전달할 수 있다.

남의 말을 들을 때에 말하는 사람을 바라보며 다른 일을 하거나 딴생각하지 말고 적극적으로 귀 기울여 주의해서 들어야 한다. 상대방을 존중하는 마음으로 듣는다. 옆에서 같이 듣는 사람을 방해하면 안 된다. 주의 깊고 집중해서 들어야 다른 사람의 생각을 알 수 있다. 들은 내용을 정확하게 알고 있어야 내 생각도 전할 수 있는 것이다. 들은 후엔 신중하게 질문을 하고 무슨 말인지 잘못 들었을 경우에는 확인하는 것이 좋다.

수업 시간에 선생님의 말씀을 듣지 않는 학생들이 있다. 부모님이 말해도 따르지 않고 딴청을 부린다. 고분고분해야 할 아이가 윗사람의 뜻이나 옳은 지시를 거스를 때가 있다. 친구와 대화할 때 잘난 척하며 자기 이야기만 큰 소리로 길게 늘어놓는다. 남의 말을 끝까지 들어보지 않고 중간에 끼어들어 자기의 할 말만 하고 있다. 듣는 도중에 충고를 하거나 이러쿵저러쿵 판단을 한다. 이 모든 것이 듣기 교육의 부재가 원인이다.

학교에서 수업을 받을 때에 바른 자세로 중요한 내용을 메모하면서 듣는다. 그래야 배운 내용을 이해하고 기억하기 쉽다. 수업을 제대로 들으려면 배울 내용을 예습하는 것이 학습에 큰 도움이 된다. 메모하면서 듣고 예습을 하는 것이 공부를 잘하는 비법이다.

학교나 가정에서 아이들에게 제대로 듣는 법, 곧 상대방을 이해하고 자신의 생각을 명료하게 해주는 효과적인 듣기 태도를 가르쳐 경청하는 힘을 길러주어야 한다. 그래야 참을성과 배려, 질서 의식과 자율성을 갖춘 민주 시민으로 자란다. 말하기도 중요하지만 올바른 듣기 태도부터 가르쳐야 한다.

| **낱말 풀이** — 사회화(社會化): 개인이 집단의 구성원으로 생활하도록 적응하는 일.
- 번거롭다: 일의 갈피가 어수선하고 복잡한 데가 있다.
- 신중하다: 매우 조심스럽다.
- 진실하다: 마음에 거짓이 없이 순수하고 바르다.
- 긴장: 마음을 늦추지 않고 정신을 바짝 차림.
- 집중(集中): 한군데로 모이거나 한군데로 모음.
- 명료하다: 뚜렷하고 분명하다.
- 경청(傾聽): 귀를 기울이고 주의해서 들음.

- 자율성(自律性): 자기 스스로 행동을 알맞게 조절하여 절제하는 성질.

친구와 대화할 때 갖추어야 할 것들

바른 언어생활이 바른 사람을 만든다. 말은 그 사람의 됨됨이를 드러낸다. 그러므로 친구와 말을 주고받을 때에 서로를 존중하며 말해야 한다. 전화도 예절바르게 걸고 받아야 한다.

말을 들을 때는 친구를 바라보며 귀 기울여 주의 깊게 듣는다. 말을 끝까지 듣고 내 생각을 말한다. 친구의 말을 가로채지 않고 비웃지 않는다. 친구의 의견을 존중하며 듣는다. 내 생각이 친구와 다를 때에 내 말만 옳다고 우기지 않는다. 친구의 생각이 나와 다르더라도 무시하지 않아야 한다. 친구의 생각이 옳으면 받아들인다. 나와 다르다고 틀린 것이 아니기 때문이다. 또한 대화에서는 밝은 표정과 차분한 말투를 유지하는 것이 중요하다.

| **낱말 풀이**
- 가로채다: 남이 말하는 중간에 끼어들어 말을 못하게 하다.
- 비웃다: 놀리거나 업신여기는 뜻으로 웃다.
- 존중하다: 어떤 것을 높이어 귀중하게 대하다. 매우 소중하게 여기다.
- 예절: 존경하는 마음을 나타내는 모든 절차(순서, 방법)나 질서.
- 다르다: 같지 않다. ↔ 같다/다르지 않다.

- 무시하다: 사물의 존재 의의나 가치를 알아주지 아니하다. 사람을 깔보거나 업신여기다.
- 우기다: 고집을 부리다. 억지를 쓰다.
- 말투: 말의 모양새. 말을 하는 버릇의 됨됨이.

친구들 앞에서 자신 있게 말하기

나를 소개할 때에는 이름을 먼저 밝히고 듣는 사람이 궁금해하는 내용인 나의 모습(생김새의 특징)이나 좋아하는 것, 잘하는 것, 친구들에게 하고 싶은 말 등을 정리하여 말한다.

내 이름은 홍길동이라고 합니다. 저는 축구 선수가 되고 싶습니다. 축구를 하면 기분이 좋고, 몸도 튼튼해져서 좋습니다. 앞으로 열심히 노력해서 훌륭한 축구 선수가 되겠습니다.

☞ 내가 축구를 하고 싶은 이유, 그리고 앞으로의 계획과 다짐을 구체적으로 말하고 있다.

상황에 맞는 인사말

인사말은 마음의 표현

사람은 인사성이 밝아야 한다. 인사는 사람끼리 마주하거나 헤어질 때, 혹은 입은 은혜를 갚거나, 축하하고 칭찬하고 위로할 일에 대하여 예의를 표시하는 말이나 행동을 뜻한다. 인사는 어렸을 때부터 익혀 몸에 배어야 한다.

인사할 때에는 차렷 자세로 공손하게 고개를 숙이고 허리를 약간 굽힌다. 상대방과 조금 떨어진 자리에서 바른 자세로 한다. 서로 인사말을 주고받는다. 인사는 사람을 사람답게 대해주는 따뜻한 마음의 표현이다.

기쁘고 반가운 마음으로 웃는 낯을 지어 온화한 태도로 인사를 나눈다. 그리고 상냥하게 말을 건넨다. 인사말을 할 때에는 표정, 목소리, 말의 높낮이, 행동 등이 상황에 어울리도록 부드럽게 하는 것이 매우 중요하다.

인사말은 친구에게 할 때와 웃어른께 할 때가 다르다. 친구에게 "잘 자."라고 하지만, 어른들께는 '안녕히 주무세요.'와 같이 높임말[100]을 사용해야 한다.

| **낱말 풀이**
- 몸에 배다: 여러 번 겪거나 치러서 아주 익숙해지다.
- 위로(慰勞): 따뜻한 말이나 행동으로 괴로움을 덜어주거나 슬픔을 달래줌.
- 예의(禮儀): 존경의 뜻을 드러내기 위하여 예로써 나타내는 말투나 몸가짐.
- 공손하다: 예의바르고 겸손하다.

여러 상황이나 조건에서 하는 인사말을 살펴봅시다.

"안녕하세요?"

"친구야, 안녕?"

"잘 가."

"안녕, 내일 봐."

"도와줘서 고마워."

"도와주셔서 고맙습니다."

"선생님, 안녕하세요?"

"선생님, 안녕히 계세요."

"학교에 다녀오겠습니다."

---

100 높임말: 진지(밥), 생신(생일), 주무시다(자다), 잡수시다/드시다(먹다), 여쭈다(물어보다), 뵙다(보다), 계시다(있다) 따위.

"학교에 다녀왔습니다."

"감사합니다."

"고맙습니다.", "고마워."

"생일 축하해!"

"엄마, 생신 축하드려요."

"맛있게 잘 먹겠습니다."

"할머니, 진지 드세요."

"할머니, 안녕히 계세요."

"안녕히 가세요."

"안녕히 주무세요."

"안녕히 주무셨어요?"

역할극(役割劇, 참여자가 주어진 상황에서 특정 역할을 맡아 연기하는 극)에서 인사하는 장면을 연기할 때도 인물의 말과 행동을 실감 나게 표현해야 한다. 인물의 특징이 잘 드러나게 말의 높낮이를 생각하며 거울 앞에서 인사하는 연습을 해보는 것도 좋은 방법이다.

자기소개 하기

자기소개를 할 때는 인사말과 이름을 먼저 말하고, 자기의 감정과 바람을 말하면 된다. 나의 특기나 취미를 덧붙여도 좋다.

안녕하세요? 저는 한국민이라고 합니다. 같은 반이 되어서 매우 기쁩니다. 앞으로 여러분과 사이좋게 지내고 싶습니다. 감사합니다.

내 이름을 말할 때는 '한국민입니다.'가 아니라 내 이름을 남이 부르는 상황을 가정하고 하는 말이므로 '한국민이라고 합니다.'가 옳은 표현이다.

바른 말과 고운 말 사용하기

우리는 친구들과 말을 주고받을 때 고운 말을 사용해야 한다. 거친 말이나 상스러운 말을 쓰는 사람은 듣는 이를 존중하고 배려하는 마음이 없는 사람이다.

거친 말이나 상스러운 말 사용은 소중한 친구를 깔보고 업신여기는 못된 짓이다. 화가 났을 때에도 참아가며 거친 말을 하지 말아야 한다. 고운 말을 쓰면 듣는 사람의 기분을 좋게 해준다. 친구끼리 사이좋게 지낼 수도 있다.

학교는 친구들과 함께 공부하며 생활하는 곳이다. 나 한 사람만 생각하고 제멋대로 행동하면 친구들이 불편해진다. 서로 양보하고 배려하는 마음이 중요하다.

친구를 잘 사귀려면 친절하고 너그러운 마음씨를 가져야 한다. '가는 말이 고와야 오는 말이 곱다.'라는 속담이 있다. 우리는 말을 할 때 바르고 고운 말을 써야 한다. 친구에게 욕을 하지 않는다. 친구가 잘

한 일에 칭찬을 한다. 잘못했으면 '미안하다'라고 사과한다.[101] 상황에 따라 "미안해!", "내가 잘못했어.", "사랑해!", "고마워!", "축하해!"라고 하면 서로 기분이 좋아진다.

나는 친구와 잘 지내는가? 어떤 친구가 좋은 친구일까?

서로 힘들고 외로울 때 친절하게 잘 도와주는 친구, 남의 말을 귀담아 들어주는 친구, 마음이 따뜻한 친구가 가장 좋은 친구다.

우리는 친구와 다정하게 지내야 한다. 친구를 괴롭혀선 안 된다. 차별해서도 안 된다. 차별은 공평하지 않으니까. 또한 쓸데없이 친구의 흉을 보거나 놀리지 않는다. 친구가 장난이라고 하면서 끊임없이 치근대며 놀리면, 싫으니 하지 말라고 직접 말해야 한다. 딱 잘라서 표현해야 한다. 친구를 불편하게 하고 상처받는 말을 하는 것은 결코 장난이 될 수 없다. 짓궂게 놀리는 것은 상대방을 존중하지 않는 그릇된 태도다.[102]

친구를 무시하지 않아야 한다. 남을 깔보는 것은 비열한 짓이니까 그렇다. 다툴 일이 생겨도 주먹질하며 싸움질을 해서는 안 된다. 싸우지 않고 말로 해결한다. 어쩌다가 친구 사이에 오해와 잘못이 있으면

---

101 사과를 할 때는 자신이 무엇을 잘못했는지 낱낱이 밝히고 미안하다는 표현을 분명하게 해야 한다. 변명을 늘어놓거나 상대방을 탓하지 않는다. 말의 속도와 말투, 목소리 크기 등도 신경 써야 한다. 이렇게 하지 않으면 상대방이 진정한 사과로 받아들이기가 어렵다.

102 교우 관계에 문제가 생기더라도 귀 기울여 듣고 스스로 견딜 때까지 세심한 관찰과 해결해 나가겠다는 믿음을 주어야 한다. 이때 공정심을 잃지 않아야 한다. 내 아이 말만 듣지 말고 선생님과 조용히 상담하는 것이 좋은 방법이다.

정성 어린 사과로 화해를 한다.[103]

학교생활에서 어려운 일이 있으면 친구들과 함께 의논하면 좋다. 친구와 문제가 생길 때는 선생님께 먼저 말씀을 드린다.

수업 시간에 바른 자세로 앉아 선생님의 말씀을 귀담아 듣는다. 수업 태도가 나쁘면 재미있게 공부할 수 있는 분위기를 망쳐 친구들에게 피해를 주기 때문이다. 질문할 때는 조용히 손을 들어 허락을 받는다.

우리는 일상 언어생활에서 말을 할 때 낱말의 정확한 뜻을 생각하며 말해야 한다. '작다'라는 낱말을 "나는 키가 적어서 고민이야."라고 말했다면 듣는 사람은 무슨 말인지 헷갈릴 수 있다. '작아서'가 바른 말이다.

줄임 말을 함부로 사용하지 않는 것이 좋다. '생일 파티'를 줄여 "엄마, 친구 생파 다녀올게요."라고 말하면 엄마는 못 알아듣는 수가 있다. '맛있는 점심식사'를 "맛점하셨어요?"라고 표현하는 것도 마찬가지다.

유행어나 외국어를 함부로 쓰지 않고 우리말을 사랑해야 한다.

---

[103] 오늘날 우리가 치열한 경쟁 사회에 살아가다 보니 아이들마저 자기중심적 사고를 배우고 다른 사람을 무시하고 짓밟으려는 경향이 많아지고 있다. 가정에서, 학교에서 인성 교육이 필요한 이유다. 아이들끼리 서로 존중해야 학교 폭력도 예방할 수 있다. 올바른 인성은 삶을 행복으로 이끌어주는 핵심 덕목이다.
[다 함께 생각해 볼거리] 교육을 왜 하는가? 교육의 본질적 목적은 무엇인가? "인간의 성장 가능성을 가치 있는 방향으로 최대한 신장하여 건강하고 지적이고 자유롭고 사회적·도덕적으로 성숙한 삶을 살 수 있게 하기 위함이다."

"좋아요.", "훌륭해요.", "응.", "그래."를 나이스(nice), 굿(good), O.K라고 하면 한국인으로서 부끄러운 줄 알아야 한다.

| **낱말 풀이**   - 양보: 남에게 길이나 자리를 비키거나 물건 따위를 내줌.
- 배려: 도와주거나 보살펴주려고 마음을 씀.
- 속담: 예로부터 전해오는 가르침이 담긴 짧은 말.
- 사과: 자기의 잘못을 받아들이고 용서를 빎.
- 차별: 차이를 두어서 구별함 ※ 차이: 서로 다른 상태.
- 공평하다: 어느 쪽으로도 치우치지 않고 고르다.
- 비열하다: 하는 짓이나 마음가짐이 천하고 못나다.
- 오해: 뜻을 잘못 풀이하는 것.
- 화해하다: 다툼을 그치고 가지고 있던 안 좋은 감정을 풀어 없애다.
- 의논하다: 어떤 일을 하기 위하여 서로 생각을 주고받다.

더 읽을거리

소리가 비슷하지만 뜻이 다른 말

소리가 비슷하고 뜻이 다른 낱말(동음이의어)이 있다. 글을 바르게 이해하려면 낱말의 뜻을 잘 구별할 줄 알아야 한다.

일기장에 "*반듯이 음식을 남기지 않겠다."라고 썼는데 선생님께서 '반듯이'를 '반드시'로 고쳐주신 적이 있다. "바람에 문이 *다쳤습니다."는 "바람에 문이 닫혔습니다."가 올바른 표기다. 소리가 비슷한 낱말은 문장의 앞뒤 내용을 살펴보고 뜻을 구분해 써야 한다.

알맞은 낱말을 사용해야 하는 까닭은 무엇인가?

글을 쓸 때 낱말의 뜻을 분명하게 알고 써야 한다. 소리가 비슷하여 헷갈리는 낱말을 잘못 쓰면 도무지 무슨 말을 하는지 문장의 뜻을 알 수 없는 상황이 벌어진다. 내용에 알맞은 낱말로 써야 자신의 생각을 남에게 정확하게 전달할 수 있다.

소리가 비슷하지만 뜻이 다른 낱말 구별하기

반드시 틀림없이. 꼭. 예) 약속을 반드시 지키다.

반듯이 자세를 반듯하게. 비뚤어지지 않고 바르게. 예) 의자에 반듯이 앉아라. 글씨를 반듯이 쓰다.

부치다 편지나 물건 따위를 보내다. 예) 친구에게 편지를 부치다.

붙이다 꽉 달라붙어 떨어지지 않게 하다. 예) 벽에 메모지를 붙였다. 봉투에 우표를 붙이다. 장작에 불을 붙이다.

같이 둘 이상의 사람이나 사물이 함께. 예) 친구와 같이 놀았다.
가치 사물이 지니고 있는 쓸모. 예) 그 물건은 이용 가치가 있다.

띠다 감정이나 기운 따위를 나타내다. 예) 얼굴에 미소를 띠다.
띄다 남보다 훨씬 두드러지다. 예) 동생이 눈에 띄게 키가 크다.

다치다 몸에 상처가 나다. 예) 넘어져서 손가락을 다치다.
닫히다 문이나 서랍 등이 다른 것에 의해 닫아지다. 예) 바람에 문이 닫히다. ※ 기본형 '닫다'[←닫(다)-히-다]

바치다 남을 위해 아낌없이 다하다. 예) 나라를 위해 스스로 목숨을 바치다.
받치다 우산이나 양산 따위를 펴서 들다. 예) 비가 와서 우산을 받치다. 책받침을 받치다.
받히다 떠받음을 당하다. 예) 소에게 받히다.

시키다 무엇을 하게 하다. 예) 동생에게 책상 정리를 시키다. 심부름을 시키다.
식히다 뜨거운 것을 차게 하다. 예) 뜨거운 물을 식히다. ※ 기본형

'식다'[←식(다)-히-다]

마치다 어떤 일을 끝내다. 예) 학교를 마치고 집으로 가다.
맞히다 물음에 옳은 답을 대다. 어떤 물건이 목표에 닿게 하다. 예) 답을 맞히다. 화살을 과녁에 맞히다 ※ 기본형 '맞다'[←맞(다)-히-다], '맞추다'는 '서로 꼭 맞도록 하다'를 뜻한다.

있다가 어딘가에 그대로 있는 것.[←있(다)+-다가] 예) 옆에 있다가 없으니 허전하다. 앉아 있다가 갑시다.
이따가/이따 시간이 조금 지난 뒤에. 예) 이따가 놀이터에서 만나자. 이따 말해줄게.

느리다 움직임에 걸리는 시간이 길다. 예) 토끼보다 거북이가 한참 느리다.
늘이다 본디보다 더 길게 하다. 예) 고무줄을 길게 늘이다. ※ 기본형 '늘다'[←늘(다)-이-다]

걸음 두 발을 번갈아 옮겨놓는 동작. 예) 걸음을 천천히 걷다.
거름 농사지을 때 식물이 잘 자라라고 흙에 넣어주는 것. 예) 밭에 거름을 뿌리다.

같다 서로 다르지 않다. 예) 이것과 저것은 같다.
갔다 한 곳에서 다른 곳으로 이동했다. 예) 놀이터에서 있다가 집으로 갔다. ※ 기본형 '가다'[←가(다)-았-다]

다리다 옷의 구김살을 펴다. 예) 다리미로 옷을 다리다.
달이다 끓여서 우러나게 하다. 예) 한약을 달이다. 간장을 달인다.

저리다 몸의 일부가 눌려있어 마비된 느낌이 있다. 예) 팔다리가 저리다.
절이다 소금이나 설탕 따위를 배어들게 하여 숨을 죽이다. 예) 배추를 소금물에 절이다.

조리다 고기나 생선 따위를 바특하게 끓이다. 예) 생선을 조리다.
졸이다 몹시 조마조마하여 애를 태우다. 예) 마음을 졸이다.

깊다 겉에서 속까지의 거리가 멀다. 예) 물속이 깊다.
깁다 떨어지거나 해어진 곳에 다른 조각을 대거나 또는 그대로 꿰매다. 예) 구멍 난 양말을 깁다.

어떻게 '어떠하다(어찌 되어 있다)'의 준말 '어떻다'의 어간에 '-게'가 붙은 말. '어떤 방법으로', '어찌해서'의 뜻으로 쓴다. 예) 너는 어떻게 생각하니? 어떻게 된 일인지 모르겠다.

어떡해 '어떻게 해'가 줄어든 말.[←어떠하게 하(다)+여] 걱정스럽거나 어찌할 바를 모를 때 쓴다. 예) 새치기하면 어떡해? 여기에 쓰레기를 버리면 어떡해.

≪ 익힘 문제 ≫

※ 문장에 알맞은 낱말을 골라봅시다.

1. 나는 책상에 (반드시, 반듯이) 앉아서 책을 읽습니다.
2. 나는 놀이터에 (있다가, 이따가) 집으로 (같다, 갔다).
3. 글을 (어떡해, 어떻게) 하면 잘 쓸 수 있을까요?
4. 갑자기 바람에 문이 (다치는, 닫히는) 바람에 손가락을 (다쳤어요, 닫혔어요).
5. 나는 우체국에 가서 소포를 (부쳤습니다, 붙였습니다).
6. 동생은 나보다 (거름, 걸음)이 느립니다.
7. 할머님은 배추를 소금물에 (저리시더니, 절이시더니) 다리가 (저리다고, 절이다고) 하십니다.
8. 엄마는 부엌에서 생선을 (조리면서, 졸이면서) 태울까 봐 마음을 (조립니다, 졸입니다).
9. 나는 학교를 (마치고, 맞히고) 집에 돌아와 수학 문제를 풀고 정답을 (마쳐, 맞혀) 봅니다.

10. 뜨거운 국물은 (식혀, 시켜) 먹어야 합니다.

정답

1. 반듯이 2. 있다가, 갔다 3. 어떻게 4. 닫히는, 다쳤어요. 5. 부쳤습니다.
6. 걸음 7. 절이시더니, 저리다고 8. 조리면서, 졸입니다 9. 마치고, 맞혀
10. 식혀

낱말의 사잇소리 현상

<한글 맞춤법 제30항> 풀이

낱말과 낱말이 어울려 새로운 낱말(합성어)이 만들어질 때, 원래 없던 소리가 덧나는 것을 '사잇소리 현상'이라고 한다. 고유어(순우리말)끼리 또는 고유어와 한자어가 합칠 때, 받침이 없는 앞의 낱말에 사이시옷(ㅅ)을 받치어 적는다.

예를 들면 '초'와 '불'이 합친 '초+불'은 발음이 *[초불]이 아닌 [초뿔/촏뿔]이다. 그래서 뒷말이 된소리가 된다는 것을 표시하려고 앞말 '초'에 사이시옷을 받치어 '촛불'로 적는다. '산길[산낄]'이나 '봄비[봄삐]'처럼 앞말에 받침이 있는 경우는 사이시옷이 없어도 된소리로 발음한다.

◎ '바다'와 '가'가 '바닷가'로 합쳐지면 [바다까/바닫까]로 읽힌다. 시냇가[시내까/시낻까], 콧구멍, 머릿돌, 고깃배, 비눗방울, 촛불, 윗사람,[104] 장맛비, 뒷산, 사잇소리, 나뭇진, 국숫집; 등굣길, 하굣길, 방앗간, 찻길, 진돗개, 만둣국, 순댓국, 횟집, 부잣집, 이삿짐 따위는 '모음으로 끝나는 낱말 + (ㅅ) + 첫소리가 예사소리/ㄱ, ㄷ, ㅂ, ㅅ, ㅈ/인 낱말'로 된소리[ㄲ, ㄸ, ㅃ, ㅆ, ㅉ]가 난다.[105]

◎ '나무'와 '잎'이 '나뭇잎'으로 만나면 [나문닙]으로 읽는다. 깻잎[깬닙], 옛일[옌:닐], 허드렛일; 예삿일 따위는 '낱말 + (ㅅ) + 첫소리가 모음인 낱말'로 합하여 [ㄴㄴ] 소리가 덧난다.

◎ '비'와 '물'이 '빗물'로 만나면 [빈물]로 읽는다. 아랫니[아랜니], 윗니, 뱃놀이, 콧날, 잇몸; 바닷물, 수돗물, 제삿날, 팻말 따위는 '낱말 + (ㅅ) + 첫소리가 /ㄴ, ㅁ/인 낱말'로 [ㄴ] 소리가 덧난다.

※ 한자어끼리 합친 말 '초점(焦點), 개수(個數), 사건(事件), 대가(代價)' 등에는 사이시옷을 붙이지 않는다. 다만, 예외적으로 다음 여섯 개 낱말 '곳간(庫間), 셋방(貰房), 숫자(數字), 찻간(車間), 툇간(退間),

---

[104] '윗사람↔아랫사람, 윗니↔아랫니, 윗집↔아랫집'처럼 '위-아래'가 대립되는 낱말은 '윗[←위(명사)+ㅅ]'으로 쓴다. '위-아래'의 맞섬이 없는 '웃거름, 웃돈, 웃어른, 웃통' 따위는 '더함/위'의 뜻을 덧붙이는 접두사 '웃-'이다.

[105] '돼지기름, 기와집, 오리발'처럼 뒷말이 예사소리로 나거나 '머리말'에서와 같이 *[머린말]이 아닌 [머리말]로 [ㄴ]이 덧나지 않으면 사이시옷을 적지 않는다. '머리뼈, 뒤쪽, 위쪽; 뒤차(-車); 위채, 위층, 코털' 따위에서는 뒤의 낱말 첫소리가 된소리거나 거센소리이므로 사이시옷을 적지 않는다.

횟수(回數)'는 사이시옷을 받쳐 적는다. 그리고 핑크빛(pink-), 피자집(pizza-)과 같이 외래어[106]가 들어가는 경우에는 사이시옷을 붙이지 않는다.

사이시옷이 들어가는 낱말과 그렇지 않은 낱말 구별하기

◎ '방아간'과 '방앗간' 중에서 맞는 말은?

방앗간[방아깐]이 맞다. 사이시옷이 '방아'와 '간'에 끼어 예사소리가 된소리로 바뀌었다.

◎ '뒤뜰, 위쪽, 아래층, 위층, 코털'에는 왜 사이시옷이 들어가지 않는가?

뒤의 낱말이 된소리나 거센소리이고 없던 소리가 덧나지 않으므로 앞말에 받침이 없더라도 사이시옷을 적을 필요가 없다.

◎ '머리말'과 '머릿돌'을 바르게 읽으면?

'머리말[머리말]'은 발음에 변화가 없고, '머릿돌[머리똘/머릳똘]'은 사잇소리 현상으로 예사소리가 된소리로 바뀐 말이다.

◎ '밤길, 등불, 봄비, 주먹밥'의 발음이 [밤낄]과 [등뿔], [봄삐], [주먹빱]이다. 사이시옷을 적지 않은 까닭은 무엇인가?

앞의 낱말에 받침이 있기 때문이다.

◎ '전세방'과 '전셋집'의 차이는?

---

[106] 외래어: 한자어 이외의 다른 언어를 빌려 마치 국어처럼 쓰는 낱말. 들어온 말. 외국어는 외래어와 달리 국어가 아니다.

'전세방[전세빵]'은 둘 다 한자말이므로 사이시옷을 적지 않고, '전셋집[전세찝]'은 한자말과 순우리말의 결합이므로 사이시옷을 쓴다. '셋방(貰房)'은 예외적으로 사이시옷을 붙인다. ※ '셋방, 전세방, 셋집, 전셋집, 사글셋방, 월세방, 월셋집' 모두 맞는 표기다.

◎ '개수(個數)[개:쑤][107]'와 '숫자(數字)[수:짜]'는 표기가 맞는가?

둘 다 맞다. '개수'와 같이 한자말끼리 결합한 '외과, 내과, 치과, 피부과' 따위는 사이시옷을 적지 않는다. 다만, 예외로 '숫자'는 사잇소리를 적는다.

◎ '나무꾼, 해님'을 각각 *'나뭇꾼', *'햇님'으로 쓰지 않는 까닭이 무엇인가?

사잇소리 현상은 낱말과 낱말이 합쳐 원래 없던 소리가 덧나는 것을 말한다. 그런데 '나무-꾼', '해-님'에서 '-꾼(어떤 일을 하는 사람)'과 '-님(높임)'은 낱말(나무, 해)의 뜻을 돕는 말(접미사)이 붙은 파생어[108]이므로 사이시옷을 적지 않는다.

---

107 개수: 한 개씩 낱으로 셀 수 있는 물건의 수효를 뜻하는 말.

108 '밤낮(밤+낮), 높푸르다(높다+푸르다)'처럼 실질적인 뜻을 가진 낱말끼리 결합한 말을 '합성어'라 하고, '파생어'는 '부채-질', '해-님'과 같이 낱말에 뜻을 더하는 접사 '-질, -님'이 붙은 낱말을 말한다.

낱말의 관계 1: 반대말과 상대어

서로 짝을 이루어 뜻이 반대하는 관계를 가지고 있는 낱말을 '반대말, 반의어, 상대어'라고 한다.

'적다'와 '작다', '다르다, 틀리다', '잃어버리다, 잊어버리다', '굵다, 두껍다' 등은 뜻이 서로 다르기 때문에 정확하게 가려 써야 한다. 헷갈리는 낱말은 반대말(상대어)을 떠올리면 구별하기가 쉬워진다. 이렇듯 유의어·반의어를 활용하는 방법이 어휘력 학습에 도움이 된다.

낱말 카드를 만들어 서로 '묻고 답하는 방식'으로 익히는 방법이 있다. 그림이나 실물을 곁들이면 의미를 정확하게 이해할 수 있을 것이다. 어휘 공부는 문장 속에서 문장에 표현된 의미의 앞뒤 연결을 살펴가며 뜻을 익히는 방법이 효율적이다.

- ◎ 크기: (키가/몸집이) 크다 ↔ 작다 예) 내 짝은 나보다 키가 크다.
- ◎ 수효나 분량: (연필이) 많다 ↔ 적다 예) 도서관에는 책이 많다.
- ◎ 거리: (집에서 학교가) 가깝다 ↔ 멀다
- ◎ 무게: (물건이) 가볍다 ↔ 무겁다
- ◎ 높낮이: (산이) 높다 ↔ 낮다
- ◎ 길이: (끈이) 길다 ↔ 짧다
- ◎ 두께: (책이) 두껍다/두툼하다 ↔ (종이가) 얇다/얄팍하다 예) 여름철에는 얇은 옷이 시원하다.

- 굵기: (연필이) 가늘다 ↔ 굵다 예) 팔뚝보다 다리가 더 굵다.
- 넓이/너비(폭)/ 범위: (운동장이) 넓다 ↔ (책상이/길이) 좁다 예) 넓은 들판. 좁은 골목길.
- 깊이: (물속이) 깊다 ↔ 얕다 예) 강물은 깊고 개울물은 얕다.
- (문제가) 쉽다 ↔ 어렵다/난해하다
- (물이) 뜨겁다 ↔ 차갑다/차다
- (물이) 얼다 ↔ (얼음이) 녹다
- (식량이) 남다 ↔ 모자라다/부족하다
- (창문을) 열다 ↔ 닫다 ※ 열리다 ↔ 닫히다
- (미닫이문을) 밀다 ↔ 닫다
- (수레를) 밀다 ↔ 끌다
- (모르는 것을) 묻다/질문하다/질의하다 ↔ 대답하다/응답하다
- (나이가) 젊다 ↔ 늙다 예) 젊은 개미들은 늙은 개미를 존경하였습니다.
- (날씨가) 덥다/따뜻하다 ↔ 춥다/서늘하다/쌀쌀하다
- (불을) 켜다 ↔ 끄다
- (사이가) 다정하다 ↔ 박정하다(인정이 없고 쌀쌀하다.)
- (공부를/일을) 시작하다 ↔ 끝내다/마치다
- (더없이) 기쁘다 ↔ 슬프다
- (나는) 행복하다 ↔ 불행하다
- (살림이) 가난하다/궁핍하다 ↔ 넉넉하다/부유하다

◎ (인구가) 늘다 ↔ 줄다 ※ 늘이다 ↔ 줄이다

◎ (여닫이문을) 밀다 ↔ 당기다

◎ (피아노를) 가르치다 ↔ 배우다 ※ 가리키다(어떤 방향이나 대상을 집어서 알리다.)

◎ (먹을 것이) 넉넉하다/충분하다 ↔ 부족하다

◎ 속도: (걸음이) 빠르다 ↔ 느리다 예) 달팽이는 걸음이 느리다.

◎ (동작이나 행동이) 날래다/빠르다/재다 ↔ 굼뜨다/느리다

◎ 시기: (때가) 이르다 ↔ 늦다

◎ (마음이) 편안하다 ↔ 불안하다

◎ (이 물건은 사용하기에) 편리하다 ↔ 불편하다

◎ (교실이) 깨끗하다/청결하다 ↔ 더럽다/지저분하다

◎ (모양이) 같다 ↔ (생김새가/생각이) 다르다(어떤 점이 서로 같지 않다.)

◎ (계산이/답이) 맞다 ↔ 틀리다(셈이나 사실 따위가 맞지 않다/잘못되다.) ※ '다르다'와 '틀리다'는 서로 뜻이 다르다.

◎ (네 말이) 옳다 ↔ 그르다

◎ (일을) 돕다/거들다 ↔ 그르치다/방해하다

◎ (약속이나 규칙을) 지키다 ↔ 어기다/위반하다

◎ (이익이) 남다 ↔ 밑지다/손해 보다

◎ 밝기: (불빛이) 밝다 ↔ 어둡다; (날이/앞길이) 훤하다 ↔ 깜깜하다/컴컴하다

- ◎ (하늘이/물이) 맑다 ↔ 흐리다
- ◎ (농도; 색깔이) 짙다/진하다 ↔ 옅다/엷다
- ◎ (고개를) 숙이다 ↔ 젖히다
- ◎ (기분이/친구와 사이가) 좋다 ↔ 나쁘다
- ◎ (인형이) 예쁘다/귀엽다 ↔ 밉다
- ◎ (몸이) 홀쭉하다/날씬하다 ↔ 뚱뚱하다
- ◎ (교실이) 조용하다 ↔ 시끄럽다/소란스럽다
- ◎ (종이를 벽에) 붙이다 ↔ 떼다
- ◎ (비나 눈이) 내리다 ↔ 그치다
- ◎ (먹은 것을) 뱉다 ↔ 삼키다; (빵 맛이) 달다 ↔ 쓰다; 짜다 ↔ 싱겁다
- ◎ 뛰다 ↔ 걷다/멈추다/서다
- ◎ (길이) 곧다 ↔ 굽다/구불구불하다
- ◎ (나뭇가지가) 곧다 ↔ 굽다/휘다
- ◎ (허리를) 펴다 ↔ 구부리다
- ◎ (끈을) 잇다 ↔ 끊다
- ◎ (색종이를) 접다/(이불을) 개다 ↔ 펴다
- ◎ (다리가) 아프다 ↔ (감기가) 낫다 ※ '낫다'는 '보다 더 좋거나 앞서 있다'는 뜻도 있다. 예) 이것보다 저것이 낫다.
- ◎ (물건을 상자에) 넣다 ↔ 꺼내다/빼다
- ◎ (물을 병에/가루를 자루에) 담다/붓다/따르다 ↔ 쏟다/떠내다

- ◎ (구멍을/길이) 막다/막히다 ↔ 뚫다/뚫리다
- ◎ (쓰레기를) 줍다 ↔ 버리다
- ◎ (사람들이) 모이다/뭉치다 ↔ 흩어지다/해산하다
- ◎ (친구를) 만나다 ↔ 헤어지다/이별하다
- ◎ (차를) 타다 ↔ (차에서) 내리다
- ◎ (차에 짐을) 싣다 ↔ 내리다/부리다
- ◎ (기분이) 좋다/유쾌하다 ↔ 나쁘다/불쾌하다
- ◎ (모래성을/박물관을) 쌓다/짓다 ↔ 무너뜨리다/헐다/부수다/파괴하다
- ◎ (모르는 것을) 묻다/질문하다 ↔ 대답하다
- ◎ (땅속에 돌을) 묻다 ↔ 캐다/파헤치다
- ◎ 천천히 (가다) ↔ 빨리 (뛰다)
- ◎ 일찍이 (일어나다) ↔ 늦게 (자다)
- ◎ (물체가) 단단하다 ↔ 무르다/물렁물렁하다
- ◎ (다리가) 튼튼하다 ↔ 약하다
- ◎ (힘이) 세다/강하다 ↔ 약하다
- ◎ (농부가) 부지런하다/근면하다 ↔ 게으르다/태만하다
- ◎ 용감하다 ↔ 비겁하다
- ◎ (경치가) 아름답다 ↔ (시든 꽃이) 추하다
- ◎ 똑똑하다/영리하다 ↔ 미련하다/아둔하다
- ◎ (시합에서) 이기다/승리하다 ↔ 지다/패배하다

- ◎ (꽃이) 피다 ↔ 지다
- ◎ (해가/달이) 뜨다 ↔ 지다; (배가 물에) 뜨다 ↔ 가라앉다
- ◎ (마음씨가) 착하다/선하다 ↔ 악하다 ※ 선(善) ↔ 악(惡)
- ◎ (고개를) 들다 ↔ 숙이다; (손을) 들다 ↔ 내리다
- ◎ (밀가루가/살갗이) 거칠다 ↔ 곱다/부드럽다
- ◎ (소식을/사람을/지식을) 알다 ↔ 모르다
- ◎ (배가) 고프다 ↔ 부르다
- ◎ (옷이 물에) 젖다 ↔ 마르다 ※ 적시다 ↔ 말리다
- ◎ (신발 끈을) 매다 ↔ 풀다
- ◎ (보물을) 숨기다 ↔ 찾다
- ◎ (기둥을) 세우다 ↔ 넘어뜨리다/쓰러뜨리다
- ◎ (물건 값이) 싸다/저렴하다 ↔ 비싸다
- ◎ (시간이나 물건을) 아끼다/절약하다 ↔ 낭비하다
- ◎ (어떤 일을) 기대하다/바라다 ↔ 실망하다
- ◎ (잘한 일을) 칭찬하다 ↔ 꾸짖다/나무라다
- ◎ (칼날이/성격이) 날카롭다 ↔ 무디다/둔하다
- ◎ (연필심이/송곳이) 뾰족하다 ↔ 뭉툭하다
- ◎ (생각을) 드러내다/표현하다 ↔ 감추다
- ◎ (내가 너보다) 유리하다 ↔ 불리하다
- ◎ (지우개를) 잃어버리다/분실하다 ↔ 찾다
- ◎ (우산을 가져오는 것을 깜빡/옛 추억을) 잊어버리다/망각하다

↔ 기억하다

◎ 삶 ↔ 죽음 ※ 생사(生死, 삶과 죽음)

◎ 안[內] ↔ 밖[外] ※ 안팎(안과 밖)

◎ 속 ↔ 겉 ※ 표리(表裏, 겉과 속)

◎ 앞[前] ↔ 뒤[後]; 좌(左, 왼쪽) ↔ 우(右, 오른쪽)

◎ 축소(모양이나 규모 따위를 줄여서 작게 함) ↔ 확대; 수축(줄어듦) ↔ 팽창(늘어남)

◎ 출발 ↔ 도착

◎ (비행기가) 이륙하다/뜨다 ↔ 착륙하다

◎ 밤 ↔ 낮 ※ 주야(晝夜, 낮과 밤)

◎ 아침 ↔ 저녁; 오전 ↔ 오후 ※ 정오(正午, 낮 12시), 자정(子正, 밤 12시)

◎ 전체 ↔ 부분

◎ 위[上] ↔ 아래[下]

◎ 가로[橫] ↔ 세로[縱]

◎ 시작/처음 ↔ 끝/마지막 ※ 시종(始終, 처음과 끝)

◎ 전진 ↔ 후퇴; 발전/진보 ↔ 퇴보

◎ 찬성 ↔ 반대

◎ 긍정(적) ↔ 부정(적) 예) 신이 나면 긍정적인 생각과 힘이 흘러넘쳐요.

◎ 장점(좋은 점) ↔ 단점(나쁜 점)/결점

- 참 ↔ 거짓
- 높임말 ↔ 낮춤말; 반말 ↔ 존댓말
- 고운 말 ↔ 거친 말/상스러운 말
- 암컷/암놈 ↔ 수컷/수놈
- 밀물 ↔ 썰물 예) 썰물 때에는 마을 사람들이 갯벌에 나가 조개를 줍습니다.
- 공격 ↔ 방어
- 성공 ↔ 실패
- 전쟁 ↔ 평화
- 수입 ↔ 지출/수출
- 생산 ↔ 소비
- 직접(바로 연결되는 관계) ↔ 간접(어느 것을 통하여 맺어지는 관계)
- 주관적 ↔ 객관적
- 적극적 ↔ 소극적
- 구체적 ↔ 추상적
- 확대(모양이나 규모 따위를 더 크게 함) ↔ 축소(본래보다 줄여서 작게 함)
- 풍년 ↔ 흉년
- 가난하다/빈곤하다 ↔ 부유하다/풍족하다
- 홍수/장마 ↔ 가뭄 예) 올해는 가뭄이 들어 흉년이다.
- 덧셈 ↔ 뺄셈; 곱셈 ↔ 나눗셈; 모으기 ↔ 가르기

◎ 합(合, 여럿을 한데 모은 수)과 차(差, 수효가 많은 곳에서 작은 수효를 뺀 것)를 구하다. ※ 분류(分類, 어떤 기준에 따라 가르는 것)
◎ 홀수(둘씩 짝을 지을 수 없는 수. 2로 나누어서 나머지 1이 남는 수), 짝수(둘씩 짝을 지을 수 있는 수. 2로 나누어서 나머지가 0인 수)

≪ 익힘 문제 ≫

※ 문장에 알맞은 낱말을 골라봅시다.
1. 토끼는 코끼리보다 몸무게가 (가벼워요, 무거워요).
2. 개울물은 (얕고, 낮고) 강물은 깊다.
3. 팔뚝은 가늘고 다리는 (굵다, 두껍다).
4. 학교에서 지우개를 (잊어버렸어요, 잃어버렸어요).
5. 선생님이 악보를 보고 피아노를 (가르치고, 가리키고) 계십니다.
6. 우리 학교 운동장이 (넓어요, 커요).
7. 여름철에는 (가느다란, 얇은) 옷이 시원하다.
8. 자동차에 짐을 (싣고, 태우고), 사람은 (싣고, 타고) 갑니다.
9. 우리는 생김새도 (틀리고, 다르고) 서로의 생각도 (틀려요, 달라요). 그래도 우리는 사이좋은 친구입니다.
10. (뭉툭한, 무딘) 연필심을 칼로 (날카롭게, 뾰족하게) 깎았어요.
11. 신이 나면 (긍정적, 부정적)인 생각과 힘이 흘러넘쳐요.
12. 나는 아침에 (빨리, 일찍) 일어나 학교에 갈 준비를 합니다.

13. 엄마가 아기를 (낳고, 낫고) 감기가 들었는데 약을 먹고 (나았다, 낳았다). 이것보다 저것이 (낫다, 낳다).
14. 내 짝은 나보다 키가 (작고, 짧고) 나이도 (작게, 적게) 먹었다.
15. 지구의 날씨가 점점 이상해지고 있어요! 지구의 온도는 조금씩 (낮아지고, 높아지고) 있는데, 이것을 지구 온난화라고 불러요. 이렇게 지구가 더워지는 것은 공기 중에 이산화탄소가 많아졌기 때문이에요.

정답

1. 가벼워요 2. 얕고 3. 굵다 4. 잃어버렸어요 5. 가르치고 6. 넓어요
7. 얇은 8. 싣고, 타고 9. 다르고, 달라요 10. 뭉툭한, 뾰족하게
11. 긍정적 12. 일찍 13. 낳고, 나았다, 낫다 14. 작고, 적게 15. 높아지고

낱말의 관계 2: 상의어와 하의어

낱말과 낱말 사이에도 위아래가 있다. 같은 성질을 지닌 여러 개의 낱말(하의어, 포함되는 말)이 하나의 다른 낱말(상의어, 포함하는 말) 속에 들어가 안기는 상하 의미 관계를 말한다. 상의어(上義語)는 일반적이고 포괄적인 뜻이 있으며, 하의어(下義語)는 개별적이고 한정적인 뜻을 지닌 말이다.

'꽃'과 '진달래'의 관계를 보면 '꽃'은 상의어고 '진달래'는 하의어다. '꽃'이라는 낱말은 실제로 보고 만질 수 있는 모양과 빛깔이 가지각색인 수많은 대상(개나리, 진달래, 국화 등)에서 공통 속성만 뽑아내 머릿속에만 존재하는 말이다. 여럿 가운데 두루 통하는 것을 가려내 추상화된 개념으로 표현한 이름이다. 그리고 '진달래, 개나리, 국화'는 실제적으로 손에 잡히는 사물로 구체적인 말이다. 다시 말해 '꽃'이 포함하는 말이고, '개나리', '진달래', '국화'는 포함되는 말이다.

채소는 무, 배추, 상추, 고구마, 당근, 우엉 등을 아우르는 말이다. 온갖 푸성귀를 포함하는 하나의 낱말 '채소'를 상의어라 하고, 여기에 포함되는 여러 개의 낱말인 '무, 배추, 고구마, 당근, 우엉 따위'를 하의어라고 한다.

| **낱말 풀이** — 일반적(一般的): 일부에 한정하지 않고 전체에 두루 걸친 것.
  – 포괄적(包括的): 온통 휩싸서 묶은 것.
  – 개별적(個別的): 다른 것과 상관없이 따로따로인 것.
  – 한정적(限定的): 일정하게 제한하거나 정해지는 것.
  – 추상화(抽象化): 낱낱의 구체적인 대상에서 공통적인 것만 뽑아 종합하는 것.
  – 개념: 여럿 가운데 공통적인 것을 뽑아 얻은 하나.
  – 포함: 속에 들어 있거나 함께 넣음.

상의어와 하의어의 관계

〔　〕 안은 상의어.

〔꽃〕 무궁화, 국화, 장미, 할미꽃, 백합, 개나리, 진달래

- [새] 참새, 까치, 비둘기, 제비, 종달새, 딱따구리
- [곤충] 벌, 나비, 매미, 귀뚜라미, 딱정벌레, 잠자리
- [집] 초가집, 기와집, 너와집, 움집, 아파트, 빌딩
- [과일] 밤, 감, 귤, 배, 대추, 사과, 수박, 참외
- [김치] 배추김치, 열무김치, 물김치, 갓김치, 깍두기
- [동물] 소, 말, 양, 개, 닭, 고양이, 사자, 코끼리
- [가게] 과일 가게, 신발 가게, 옷 가게, 생선 가게, 그릇 가게, 문방구
- [학용품] 연필, 필통, 지우개, 자, 공책, 가위, 풀
- [책] 동화책, 만화책, 교과서, 참고서, 지도책
- [운동] 축구, 야구, 농구, 수영, 체조, 태권도
- [직업] 농부, 환경미화원, 소방관, 경찰, 간호사, 의사, 작가

쓰임이 다른 낱말 가려 쓰기

◎ 햇빛(해의 빛) - 햇볕(해가 내리쬐는 기운) 예) 마당에 햇볕이 잘 든다.
◎ 가방을 어깨에 (메다). - 신발 끈을 (매다.)
◎ 꽃이 (피다.) - 이불을 (펴다.)
◎ 수업을 (마치다.) - 어려운 문제의 답을 (맞히다.) ※ 맞추다: 서로 떨어져 있는 것을 대어 붙이다. 서로 비교하여 살펴보다. 예) 줄을/정

답과 내가 쓴 답을/박자를/양복을/입을 (맞추다.)

◎ 모르는 것을 (가르치다.) - 손가락으로 방향을 (가리키다.) 예) 선생님께서 공부 방법을 가르치다. 선생님께서 축구 골대를 가리키다.

◎ 이것과 저것은 모양이 (다르다.) - 계산이나 일 따위가 (틀리다.) ※ '다르다'는 어떤 점이 서로 같지 않다는 말이고 '틀리다'는 계산이나 사실 등이 맞지 않다는 말이다.

◎ 강아지가 (짖다.) - 집을/ 미소를 (짓다.) ※ 기본형 어간에 어미 '-아/-어'를 붙여 발음으로 구별한다. '짖어(←짖(다)+어)[지저]/ 지어(←짓(다)-어)[지어/*지서]'

◎ 구멍 난 장갑을 (깁다.) - 강물이 (깊다.)

◎ 모양이나 무게가 (같다.) - 물건을 (갖다.) - 집에 (갔다.) ※ '갖다'는 '가지다'의 준말이다.

◎ 개구리가 알을 (낳다.) - 병이 말끔히 (낫다.) 물은 끓여서 먹는 것이 더 (낫다.) ※ '낫다'는 '병이 없어지다.', '보다 더 좋다.'라는 두 가지 뜻이 있다.

◎ 숙제를 깜박 (잊어버리다.) - 가지고 있던 물건을 (잃어버리다.) 예) 유치원 때 친구의 이름을 잊어버렸다. 동생이 열쇠를 잃어버렸다. ※ 약속을/은혜를 (잊다.) - 길을/친구를 (잃다.)

◎ 배가 항구에 (닿다.), 옷이 살갗에 (닿다.) - 창문을 (닫다.)

◎ 입맛을 (돋우다.) - 안경의 도수를 (돋구다.)

◎ 김치를 (담그다) - 담근 김치를 독에 (담다) ※ '담그다'는 익거나 삭게 하려고 재료를 버무린다는 뜻이고, '담다'는 넣는다는 뜻이다.

≪ 익힘 문제 ≫

※ 문장에 알맞은 낱말을 골라봅시다.
1. 나와 동생은 서로 (다른, 틀린) 과일을 좋아합니다.
2. 나와 형은 생김새가 (다릅니다, 틀립니다).
3. 아침과 저녁에 먹는 약이 (다르다, 틀리다).
4. 편지에 (틀린, 다른) 글자가 있습니다.
5. 운동화 끈을 (메고, 매고) 가방은 어깨에 (멥니다, 맵니다).
6. 내 동생은 물건을 가끔 (잃어버립니다, 잊어버립니다).
7. 내 가방과 내 친구의 가방은 크기가 (다르다, 틀리다).
8. 거스름돈 계산이 맞지 않고 (틀리다, 다르다).
9. '*찌게'는 맞춤법이 (틀린, 다른) 말이고 '찌개'가 맞는 말이다.
10. 선생님께서는 공부를 열심히 (가리켜, 가르쳐) 주십니다.
11. 엿가락을 길게 (늘이다, 느리다).
12. 구멍 난 장갑을 (깁다, 깊다).
13. 집을 (짓다, 짖다).
14. 밤에 개가 멍멍 (짓습니다, 짖습니다).
15. 돼지가 새끼를 (낳았다, 나았다). 감기가 씻은 듯이 (낳았다,

나았다).

16. 어려운 문제의 답을 (마치고, 맞히고) 국어 공부를 (마쳤습니다, 맞혔습니다).
17. (햇빛, 햇볕)에 그을려 얼굴이 까맣다.
18. 옷이 살갗에 (닿는, 닫는) 느낌이 매우 부드럽다.

정답

1. 다른 2. 다릅니다 3. 다르다 4. 틀린 5. 매고, 멥니다 6. 잃어버립니다.
7. 다르다 8. 틀리다 9. 틀린 10. 가르쳐 11. 늘이다 12. 깁다 13. 짓다
14. 짖습니다 15. 낳았다, 나았다[←낫(다)+았+다] 16. 맞히고/마쳤습니다
17. 햇볕 18. 닿는

거센소리로 굳어진 말

/ㅎ/ + /ㄱ, ㄷ, ㅂ/ ⇒ /ㅋ, ㅌ, ㅍ/. ㅎ이 예사소리와 만나 거센소리를 내는데, 이렇듯 명사에 붙는 'ㅎ'은 옛말의 흔적이다.

◎ 수캐[←수ㅎ+개], 수컷[←수ㅎ+것], 수탉[←수ㅎ+닭], 수퇘지[←수ㅎ+돼지], 수평아리[←수ㅎ+병아리] ※ 수컷을 이르는 접두사는 '수'로 통일함: '수꿩, 수나사, 수놈, 수소' 예외: 숫양, 숫염소, 숫쥐

◎ 암컷[←암ㅎ+것], 암탉[←암ㅎ+닭], 암퇘지[←암ㅎ+돼지], 암평

아리[←암ㅎ+병아리]   ※ 암컷을 이르는 접두사는 '암'으로 통일함: 암꿩(까투리), 암나사, 암놈, 암사돈, 암염소, 암쥐
◎ 안팎[←안ㅎ+밖], 머리카락[←머리ㅎ+가락], 마파람[←마ㅎ+바람]

숫자와 차례: 그 밖의 낱말

숫자 하나(1; 일), 둘(2; 이), 셋/석(3; 삼), 넷/넉(4; 사), 다섯(5; 오), 여섯(6; 육), 일곱(7; 칠), 여덟(8; 팔), 아홉(9; 구), 열(10; 십), 스물(20; 이십), 서른(30; 삼십), 마흔(40; 사십), 쉰(50; 오십), 예순(60; 육십), 일흔(70; 칠십), 여든(80; 팔십), 아흔(90; 구십), 백(100), 천(1000), 만(10000), 억, 조, 경……

순서/차례 첫째, 둘째, 셋째, 넷째, 다섯째, 여섯째, 일곱째, 여덟째, 아홉째, 열째; 첫 번째, 두 번째, 세 번째, 네 번째, 열한째/열한 번째, 열두째/열두 번째, 스무째; 처음, 먼저, 우선, 나중에, 끝으로, 마지막으로

긴 세월 옛날 - 과거(지난날) - 현재(지금, 이제) - 미래(앞날); 고대 - 근대 - 현대

해 지지난해(그러께/재작년/전전년) - 지난해(작년) - 올해(금년) - 내년(명년) - 내후년(내년의 다음해)

계절[철] 봄 - 여름 - 가을 - 겨울 ※ 춘하추동(春夏秋冬)

월 일월(정월), 이월, 삼월, 사월, 오월, 유월, 칠월, 팔월, 구월, 시월, 십일월, 십이월(섣달, 음력으로 한 해의 마지막 달)

요일 일요일[이료일], 월요일[워료일], 화요일, 수요일, 목요일, 금요일[그묘일], 토요일

날짜 하루(1일), 이틀(2일), 사흘(3일), 나흘(4일), 닷새(5일), 엿새(6일), 이레(7일), 여드레(8일), 아흐레(9일), 열흘(10일); 열하루, 열이틀, 열사흘, 보름(15일)…… 그믐(그 달의 마지막 날) ※ 사나흘(사흘이나 나흘; 3, 4일), 대엿새(닷새나 엿새; 5일이나 6일)

나날의 때 엊그저께/엊그제 - 그저께/그제(어제의 전날) - 어제(작일) - 오늘(금일) - 내일(명일)/이튿날(그다음 날) - 모레(내일의 다음 날) - 글피(모레의 다음날) - 그글피(글피의 다음날); 어느 날, 며칠 뒤

하루의 때/시간 새벽 - 아침 - 점심 - 해 질 녘(해 질 무렵) - 저녁 - 밤중(한밤중); 밤 - 낮; 오전 - 오후

달 초승달 - 상현달 - 보름달 - 하현달 - 그믐달

방향 동 - 서 - 남 - 북; 앞(전) - 뒤(후) - 왼쪽(좌) - 오른쪽(우); 위 - 아래

크기 대(大) - 중(中) - 소(小)

홀수와 짝수 홀수 - 1, 3, 5, 7, 9, 11과 같이 짝을 지을 수 없는 수. 짝수 - 2, 4, 6, 10, 12와 같이 둘씩 짝을 지은 수.

《 익힘 문제 》

※ 문장에 알맞은 낱말을 골라봅시다.

1. 나는 뒷산에 (열두 번째, 열둘 번째) 올라갔습니다.
2. 동생은 올해 (다섯 살, 오 살)입니다.
3. 오늘부터 사흘(3일, 4일) 동안 가정 학습 날입니다.
4. 오늘보다 사흘 앞을 (그제, 엊그제)라고 합니다.
5. 해가 질 무렵을 (해거름, 해 질 녘)이라고 합니다.
6. 올해보다 두 해 전을 (지지난해, 지난해)라고 합니다.
7. 매월 음력 15일 날 밤에 뜨는 둥근달을 (보름달, 그믐달)이라고 합니다.
8. 방학이 이제 나흘(3일, 4일)밖에 남지 않았다.
9. 우리 모레(하루 뒤, 이틀 뒤) 학교에서 만나자.
10. 나는 내후년(1년, 2년)이면 4학년입니다.

정답

1. 열두 번째 **2.** 다섯 살 ※ 순우리말끼리 또는 한자말끼리(五歲, 5세) 써야 한다.
3. 3일 **4.** 엊그제 **5.** 해 질 녘 ※ 해거름: 해가 서쪽으로 넘어가는 일
6. 지지난해 **7.** 보름달 ※ 그믐달: 음력으로 그믐 전 며칠 동안 뜨는 달
8. 4일 **9.** 이틀 뒤 **10.** 2년

셈의 단위를 나타내는 말

우리말에는 사람·동물·식물, 물건의 수와 양의 단위를 나타낼 때에 함께 써야 하는 말이 있다. 이를 '단위성 의존 명사'라고 한다.

신발 두 짝을 '한 켤레'라고 한다. 사람, 자동차, 연필, 동물, 나무 등을 셀 때에는 어떤 말을 써야 할까? 단위를 나타내는 명사는 띄어 쓴다. 다만, 순서를 나타내는 경우나 연월일, 시각 또는 아라비아 숫자 뒤에서는 붙여 쓸 수 있다. 예) 이학년, 두시 삼십분, 1945년 8월 15일, 오층 건물

자루 연필 두 자루/ 붓 열 자루(붓 10자루)

그루 나무 한 그루

포기 배추 세 포기/ 풀 한 포기

권 책 한 권

대 자동차 두 대/ 비행기 한 대

척 세 척의 어선/ 군함 한 척

명 사람 세 명/ 학생 25명

쌍(암수 짝을 지어 헤아리는 말) 병아리 한 쌍

켤레(두 짝을 한 벌로 하여 세는 단위) 장갑 한 켤레/ 구두 세 켤레/ 양말 두 켤레

짝 신발 한 짝/ 양말 한 짝

벌 (짝을 이루거나 여러 가지가 한데 모여 갖추어진 한 덩이) 옷 한 벌/ 수저 한 벌

알 콩 한 알/ 소화제 두 알

마리 개미 세 마리/ 호랑이 두 마리

개 사과 세 개/ 배 두 개/ 병이 다섯 개

번 (일의 차례나 횟수를 세는 말) 한 번/ 여러 번

바퀴 운동장을 한 바퀴 돌다.

모 두부 세 모/ 묵 한 모

톨 쌀 한 톨/ 밤 두 톨

채 집 두 채/ 성 한 채

잔 물 한 잔/ 커피 석 잔

장 그림 카드 여섯 장/ 김 한 장

술 밥 한 술(숟가락)

송이 장미 세 송이

아름 학용품을 한 아름 사 오셨어요.

통 수박 한 통/ 편지 두 통을 받았다. 전화 한 통 없다.

병 음료수 한 병/ 술 두 병

《 익힘 문제 》

※ 문장에 알맞은 낱말을 골라봅시다.

1. 필통에 연필 세 (개, 자루)와 지우개 한 개가 있습니다.
2. 나무 한 (그루, 개)에 꽃이 다섯 (송이, 개)가 피었습니다.
3. 신발장에 운동화, 장화, 구두 세 (켤레, 마리)가 있습니다.
4. 우리 어촌 마을에는 집이 열두 (척, 채)에 고깃배가 일곱 (척, 대)이/가 있습니다.
5. 어제 옷 가게에서 옷 두 (벌, 쌍)과 양말 한 (켤레, 짝)를/을 샀습니다.
6. 배추 세 (포기, 그루)와 수박 한 (줄, 통)을 샀습니다.
7. 병아리 한 (쌍, 묶음)은 암컷과 수컷 두 (개, 마리)를 뜻합니다.
8. 버스 세 (대, 차)가 길가에 나란히 서 있습니다.
9. 생일날 뜰에 소나무 한 (그루, 포기)를 심었습니다.
10. 생일 선물로 옷 한 (벌, 짝)과 장갑 한 (켤레, 개)를 받았습니다.

정답

1. 자루 2. 그루, 송이 3. 켤레 4. 채, 척 5. 벌, 켤레 6. 포기, 통
7. 쌍, 마리 8. 대 9. 그루 10. 벌, 켤레

서술격 조사 '이다'

서술격 조사 '이다'는 주어의 내용을 확인·지정하는 기능을 한다.

체언(명사, 대명사, 수사)에 결합되어 '체언+이다'가 서술어의 자격을 가지도록 해준다. '너는 학생이니 학생의 본분을 지켜야 한다.'에서 '학생이니'와 같이 활용도 한다. '그녀를 좋아하는 것은 영리해서다. 모두가 건강을 위해서다.'에서와 같이 쓰일 때도 있다.

'저것이 책상이다. 산이다. 돌이다. 것이다.'처럼 받침이 있으면 '이다'를 쓰고, 받침이 없을 때는 '이것이 의자(이)다. 저것은 돌다리다.'에서는 '이'를 줄이는 것이 자연스럽다.

소리의 길이

우리말에는 같은 모음을 특별히 길게 소리를 냄으로써 낱말의 뜻을 구별하는 경우가 있다.

'눈'이 짧게 발음되면 얼굴의 눈[眼]이고, 길게 발음하면 하늘에서 내리는 눈[雪]이다. '말:(말씀)'은 길고 달리는 짐승 '말'은 짧다. 먹는 '밤:'은 길고 컴컴한 '밤'은 짧다. 길게 뚫어놓은 '굴:'은 길고 먹는 해산물 '굴'은 짧다. 창문에 치는 '발:'은 길고 사람이나 짐승의 다리 '발'은 짧게 발음한다.

긴 발음을 국어사전에서 ':(쌍점)'으로 표시한다. 예를 들면 '사:람', '한:국', '건:강', '전:화', '병:원', '연:구', '많:다', '밟:다', '곱:다', '없:다' 따위가 그렇다. 공적인 언어생활에서 발음을 정확하게 하려면 국어사전과 '표준 발음법'을 참고하여 꾸준히 반복 연습하는 것이 필요하다.

≪ 익힘 문제 ≫

※ 소리의 길이에 주의하여 낱말을 정확하게 발음하여 봅시다.
◎ 밤에 밤ː을 먹는다.
◎ 눈에 눈ː이 들어가니 눈물이 납니다.
◎ 말이 주인의 말ː을 듣지 않아요.
◎ 발을 씻고 창문에 발ː을 쳤습니다.
◎ 어머니께서 옷에 묻은 솔잎을 솔ː로 털어주셨습니다.
◎ 허리가 굽은 할아버지께서 도자기를 굽ː고 계셨습니다.
◎ 엄마는 섬 그늘로 굴 따러 가셨다. 땅속으로 뚫린 굴ː은 아늑한 개미집이다.

문장과 문장을 이어주는 말

말이나 문장의 앞뒤 내용 관계를 잇는 '이어주는 말'에 '또, 그래서, 그러므로, 그리고(순접, 나란히 이음, 첨가), 그러나/하지만(역접, 맞섬 이음), 그런데(전환, 바뀜 이음), 왜냐하면' 따위가 있다.

두 문장을 한 문장으로 잇기

그리고 앞의 말을 순조롭게 잇거나 '그 위에 더, 또'의 뜻을 나타낼 때. 예) 나는 숙제를 끝냈다. 그리고 방 청소를 시작했다. → 나는 숙제를 끝내고 방 청소를 시작했다.

그러나/하지만 앞 문장과 뒤 문장이 서로 반대될 때. 예) 인형이 예쁘다. 그러나/하지만 값이 비싸다. → 인형이 예쁘나/예쁘지만 값이 비싸다. ※ '하지만'은 말할 때 주로 쓰인다.

그래서 앞의 말이 뒤에 오는 말의 까닭이나 조건이 될 때.(원인+그래서+결과) 예) 배가 아프다. 그래서 병원에 갔어요. → 배가 아파서 병원에 갔어요.

왜냐하면 앞의 말이 뒤에 오는 말의 결과일 때.(결과+왜냐하면+원인) '때문이다'와 어울려 쓰임. 예) 거북이가 경주에서 이겼다. 왜냐하면 토끼가 낮잠을 잤기 때문이다. → 거북이가 경기에서 왜 이겼냐 하면 토끼가 낮잠을 잤기 때문이다./ 토끼가 낮잠을 잤기 때문에 거북이가 경주에서 이겼다.

그러므로 앞의 말이 뒤에 오는 말의 원인(그러한 까닭으로)이나 이유가 될 때. 예) 영민이는 착한 아이예요. 그러므로 친구들이 좋아해요. → 영민이는 착한 아이이므로 친구들이 좋아해요.

그런데 앞 말의 방향을 바꾸거나 다른 내용으로 이어받을 때, 또는 앞의 내용과 서로 반대되는 내용을 이끌 때. 예) 비가 많이 오네요. 그런데 왜 우산을 안 가져왔어요? → 비가 많이 오는데 우산을 안 가져왔어요?/ 나는 약속을 지키려고 했거든. 그런데 그럴 수가 없게 됐어. → 나는 약속을 지키려고 했는데 그럴 수가 없게 됐어.

그러면 앞의 말이 뒤에 오는 말의 조건이 될 때. '그러하다고 가정하면'의 뜻으로도 쓰임. 예) 서둘러라. 그러면 학교에 늦지 않을 거야. → 서두르면 학교에 늦지 않을 거야.

≪ 익힘 문제 ≫

※ 문장에 들어갈 알맞은 이어주는 말을 찾아봅시다.

1. 나는 축구를 좋아해요. (그리고, 그러나, 그러므로) 친구는 축구를 싫어해요.
2. 동물은 움직일 수 있어요. (그리고, 그러나, 왜냐하면) 식물은 움직일 수 없어요.
3. 학교에서 솜씨 자랑을 했어요. 나는 노래를 불렀어요. (그리고, 그런데, 그러나) 춤도 추었어요.
4. 아 그랬구나? (그런데, 그리고, 그래서) 그때는 왜 말을 하지 않았니?
5. 백화점에서는 물건이 잘 팔리나 봐요. (그런데, 그리고, 그래서) 전통 시장에서는 덜 팔린다고 해요.
6. 나는 받아쓰기 시험에서 100점을 받았다. (그래서, 왜냐하면)

연습을 많이 했기 때문이다.
7. 오늘 밤 비가 많이 온대요. (그리고, 그러나, 그러므로) 골짜기에서 야영을 하면 위험해요.
8. 오늘 생일 선물을 받았어요. (그러나, 그리고, 그래서) 기뻐요.
9. 선생님께 말씀 드려요. (그러면, 그러나, 그러므로) 해결하는 데 도움이 될 거예요.
10. 나는 숙제를 끝냈어요. (그리고, 그러나, 그러므로) 방 청소를 시작했습니다.

정답
1. 그러나 2. 그러나 3. 그리고 4. 그런데 5. 그런데 6. 왜냐하면 7. 그러므로
8. 그래서 9. 그러면 10. 그리고

한글의 우수성과 가치

세종대왕이 우리말을 적기 위하여 1443년에 28자를 처음 만들고 1446년에 널리 퍼뜨린 이 문자를 훈민정음(訓民正音, 백성을 가르치는 바른 소리)이라고 일컫는다. 19세기 말에 주시경 선생이 '한글'이라는 이름을 새로 지어 지금에 이른다.

문자 체계를 풀이한 『훈민정음』은 '예의, 해례, 정인지 서문'으로

구성되어 있다. 국보 70호이며, 유네스코에서 한글이 갖는 문자로서의 가치를 인정하여 1997년 세계기록유산으로 지정하였다. 한글은 세계적으로 그 우수성을 인정받은 문자이며 우리 민족을 대표하는 자랑스러운 문화유산이다.

국어는 우리나라의 문화요, 역사이자 가치관, 이념이다. 국어 교육을 소홀히 하면 나라의 정체성(변하지 아니하는 존재의 본질)을 잃어버린다. 오늘날 한국어는 문자의 우수성뿐만 아니라 경제·문화적인 것을 비롯한 한류 인기 등 여러 가지 이유로 한국어를 배우려는 외국인들이 늘고 있다.

"한 나라의 문화 창조는 나랏말과 글로써 이루어진다."
- 주시경

"한글은 세계 어느 나라에서 쓰이고 있는 어떤 문자보다도 과학적인 체계의 글자이다."
- 에드윈 라이샤워(미국 역사학자)

"한글은 세계에서 가장 우수한 알파벳이다."
- 프리츠 보스(네덜란드 언어학자)

"한글은 의심의 여지없이 인류의 위대한 지적 업적의 하나로서 자리를 차지할 것이 틀림없다."

   - 제프리 샘슨(영국 언어학자)

한글 문자의 우수성과 가치를 들면 다음과 같다.
◎ 한글은 탄생 기록을 가지고 있는 문자다.
◎ 한글은 발음 기관을 본떠 만든 세계 유일의 음성 문자다.
◎ 한글은 글자를 만든 원리가 독창적이고 과학적인 문자다.
◎ 한글은 문자의 활용성이 뛰어난 음소 문자다.
◎ 한글은 글자 구조가 조직적이고 체계적이다.
◎ 한글은 배우기 쉽고 기억하기 쉬운 글자다.
◎ 한글은 정보화 사회에 걸맞고 컴퓨터 원리에도 가장 잘 맞는 글자다.

아름다운 순우리말

나들이 집을 떠나 가까운 곳에 잠시 다녀오는 일. 예) 우리 가족은 주말에 바닷가로 나들이를 갔다.
나비잠 갓난아이가 두 팔을 머리 위로 벌리고 자는 잠. 예) 우리 아기가 새근새근 나비잠을 자는 모습을 보니 더욱 사랑스러웠다.
눈썰미 한두 번 보고도 곧 그것을 해낼 수 있는 재주. 예) 형은 워

낙 눈썰미가 있어 무슨 일이든 잘한다. 친구는 눈썰미가 좋다.

마루 등성이를 이루는 지붕이나 산 따위의 꼭대기. 예) 구름이 뒷산 마루에 걸려 있다.

마중물 펌프질로 물을 끌어올리기 위해 먼저 윗구멍에 붓는 물. '도움'의 뜻도 있음. 예) 마중물이 있어야 물이 잘 올라온다. 학부모는 아이의 마중물 역할을 해야 한다.

맞장구 남의 말에 덩달아 호응하거나 같은 생각을 하는 일. 예) 내가 이야기를 하자 친구도 맞장구를 쳐주었다.

미리내 '은하수'를 뜻하는 말. 예) 밤하늘에 보이는 미리내는 정말 아름답다. ※ '미리'는 '미르'가 변한 말로 '용(龍)'을 의미하며, 여기에 '시내'라는 뜻을 지닌 '내[川]'가 붙어 미리내가 되었다. 옛 사람들은 은하수를 '용이 사는 시내'라고 믿었던 데서 유래한 말이다.

볼가심 물 따위를 머금어 볼의 안을 깨끗이 씻음. 예) 태연이가 이를 닦고 난 뒤에 볼가심을 하고 있다. ※ '입가심'은 입안을 가셔서 개운하게 하는 일.

으뜸 많은 것 가운데 가장 뛰어난 것. 또는 첫째가는 것. 예) 현지는 우리 반에서 글솜씨가 으뜸이다. 어떤 일이나 모임에서 으뜸인 사람을 우두머리라고 한다.

해거름 해가 서쪽으로 넘어가는 일. 또는 그런 때. 예) 밖에서 놀더라도 해거름 안으로 집에 와야 한다.

만질만질하다 만지거나 주무르기 좋게 연하고 보드랍다. 예) 동생의 피부는 만질만질하다.

보드레하다 꽤 보드라운 느낌이 있다. 예) 동생은 살결이 비단결같이 보드레합니다.

부들부들하다 살갗에 닿는 느낌이 매우 부드럽다. 예) 새로 빤 옷은 부들부들하다.

잘바닥잘바닥하다 진흙이나 반죽 따위가 물기가 많아 매우 보드랍게 진 느낌이 있다. 예) 잘바닥잘바닥한 반죽을 손으로 만져가며 인형을 빚었다.

진득하다 몸가짐이 의젓하고 참을성이 있다. 예) 그렇게 조바심 내지 말고 진득하게 기다리다. 수업 시간에 부잡스럽게 굴지 말고 진득이 앉아 선생님 말씀을 잘 들어야 한다.

찐득찐득하다 눅진하고 차져 있어 끈적끈적하게 달라붙다. 예) 손에 묻은 송진이 찐득찐득하다.

도움을 받은 책

강원국, 『강원국의 진짜 공부』, 창비, 2023
고영근·구본관, 『우리말 문법론』, 집문당, 2008
구본권, 『공부의 미래』, 한겨레출판, 2019
김병원, 『새 시대의 독서교육』, 배영사, 1979
김수업, 『국어 교육의 길』, 나라말, 2000
김종서·이영덕·정원식, 『최신 교육학 개론』, 교육과학사, 1997
김진우, 『언어(깁더본)』, 탑출판사, 2011
남기심·고영근, 『표준국어문법론』, 탑출판사, 2005
노명완, 『국어교육론』, 한샘, 1989
류대성·서덕희, 『국어원리 교과서』, 행성:B, 2011
박세당·박세호, 『난독의 시대』, 다산스마트에듀, 2022
백문식, 『우리말 표준발음 연습』, 박이정, 2005
신우성, 『미국 글쓰기 교육 일본 책읽기 교육』, 어문학사, 2014
엄훈, 『학교 속의 문맹자들』, 우리교육, 2012
이관규, 『학교문법론』, 월인, 2012

임지룡 외, 『학교 문법과 문법 교육』, 박이정, 2013
장하늘, 『수사법 소사전』, 문장연구사, 2008
천경록·이재승, 『읽기 교육의 이해』, 우리교육, 1997
최미숙 외, 『국어 교육의 이해』, 사회평론아카데미, 2014
한철우·홍인선, 『학교 현장 독서 지도 어떻게 할 것인가?』, 교학사, 2007
허재영, 『나는 국어의 정석이다』, 행성, 2011
게일 톰킨스(이재승 외 옮김), 『글쓰기 어떻게 가르칠 것인가』, 박이정, 2012
나오미 배런(전병근 옮김), 『다시 어떻게 읽을 것인가』, 어크로스, 2023
J. S. 브루너(이홍우 역), 『브루너 교육의 과정』, 배영사, 1973
패트릭 하트웰(이을환 외 편역), 『글을 어떻게 쓸 것인가』, 경문사, 1992
교육인적자원부, 『국어(쓰기, 읽기: 초등학교 1·2학년 교과서)』, 2000
교육부, 『국어, 국어활동(초등학교 1·2학년 교과서)』, 2017
문화관광부, 『국어 어문 규정집』, 대한교과서주식회사, 1988
문화관광부, 『우리말 우리글 바로쓰기』, 2004
한국어문교육학회, 『한국어교육총서3-2』, 한국학술정보, 2007

초등 1, 2학년 공부의 힘
문해력 수업

초판 발행일   2024년 3월 4일

지은이   백문식
펴낸이   이기자
펴낸곳   그레출판사
주소   경기도 수원시 영통구 센트럴파크로 127번길 144-401호
전화   031) 203-4274
팩스   031) 214-4275
이메일   grepub@naver.com
디자인   이동훈(010-7196-1312)
등록   2018년 2월 26일 제561-2018-000019호
ISBN   979-11-963729-6-5(03370)

*책값은 뒤표지에 있습니다.